2권

초고령사회
뉴노멀시리즈

新노년의 주거, 노인복지주택

유선종 · 최희정 지음

New
Normal

박영사

머리말

출산율 감소와 평균수명 증가로 인한 급속한 고령화와 인구구조의 변화는 지금까지 우리 사회가 경험하지 못한 큰 변화이다. 우리나라의 베이비붐 세대가 노인이 되는 짧은 시간에 압축적인 고령화 현상과 직면하면서 건강 장수를 위한 준비, 노후의 삶을 위한 경제적 준비, 노후 여가문화의 개발, 노인대학 등의 교육, 가족·친지와의 관계 등 은퇴 이후 30~40년에 이르는 삶에 대한 질적 향상을 위한 노력을 더는 미룰 수 없다.

지금까지 노인주거는 우리 사회에 있어서 해결되어야 하는 많은 사안 중 하나였지만, 급속한 고령화로 인해 이제 시급하고 중요한 현안이 되었다.

인생 100세 시대 대응 전략(보건복지부, 2011)에서 1954년생 남자의 39.6%, 여자의 46.2%가 98세까지 생존하리라 전망하였다. 수명 100세 시대라는 말이 낯설지 않은 오늘날, 60세에 퇴직한다고 가정할 때 40여 년의 여생이 기다리고 있어, 수명 100세 시대를 대비한 노후설계는 청년기부터 요구된다. 건강하게 준비된 장수는 축복이지만, 준비되지 않은 채 맞이하는 장수는 재앙이라는 냉혹한 현실을 자각해야 한다.

노인의 가령(加齡)과 더불어 노인주거에 대한 중요성은 커지고 있으며, 노인의 시설 입소와 노인 세대의 주거 안정을 위한 다각적인 주거 정책이 필요하다. 주거 문제는 노인복지의 핵심적인 부분으로 주택시장에서 노인가구가 차지하는 영향력이 커지고 있다.

노인주택이 고령자의 주거 안정 및 삶의 질 향상에 기여하기 위해서는 노인의 욕구에 부합되는 다양한 주거의 선택지가 마련되고, 주택 및 거주자에 대한 지속적인 사후관리 및 필요 서비스의 제공이 중요하다. 따라서 고령자가 경제적 상황, 건강 상태, 현 주거상태, 가족 특성, 여가생활 등 자신의 상황에 맞는 고령자 주택을 선택할 수 있도록 다양한 주거유형과 서비스가 개발되어야 한다.

이 책은 고령자의 노후생활과 노인의 주거에 대하여 더욱 쉽게 이해할 수 있도록 우리보다 앞서 초고령사회를 경험하고 있는 일본의 사례를 중심으로 설명하는 데 역점을 두었다. 우리나라에 다가오는 고령화와 관련된 미래사회는 일본의 노인주거시설에 대한 통찰을 통해 간접경험을 할 수 있기 때문이다.

또한, 기존의 문헌은 기존 노년 세대를 대상으로 한 내용이 주를 이루고 있으나, '초고령사회, 뉴노멀 시리즈'라는 책 제목에서도 알 수 있듯이 이 책에서는 기존 노년 세대는 물론, 액티브 시니어라고 불리는 신 노년 세대를 아울러 시야에 담고 집필하였다.

특히, 고령자 개인의 관점은 물론 지역사회와 헬스케어 비즈니스의 관점을 포함하여 관련 제도 및 노인주거 시장을 검토하고 분석하였다. 100세 시대가 시작된 현시점에서 일본의 노인주거와 헬스케어 시장에 대한 통찰을 통해 우리나라에 의미 있는 시사점을 도출하고, 시대 변화에 맞는 노후생활 및 노인주거의 전개를 담아내려는 목적으로 저술하였다.

이 책은 노년기의 당사자와 그들을 대상으로 비즈니스를 하는 사업자들의 입장에서도 충분히 활용할 수 있는 내용으로 구성하였다. 급변하는 사회의 속도에 맞춰 시행착오를 최소화하면서 초고령사회를 지혜롭게 맞이할 수 있는 즐거운 노력이 이 책과 함께 이루어질 수 있기를 바란다.

이상과 같은 내용을 정리하기 위하여 일본의 Senior Business Market Report를 비롯한 일본과 우리나라의 많은 문헌을 접했으며, 일본 내의 노인주택 전문가로부터 조언도 듣고 다양한 사업개발 사례를 조사하였다.

이 책의 원고를 흔쾌히 출고해준 박영사의 노현 이사님과 편집부 김민조 님을 비롯하여 원고 집필 과정에서 아낌없는 격려와 지지를 보내주신 정재길 권사님, 배기욱 연구원님, 이은정 박사님, 장준영 대표님, 원고 정리 과정에서 일본의 문헌을 함께 읽고 정리해 준 큰딸 하라, 원고 정서 과정에서 시간과 노력을 아끼지 않은 김지은, 김예은, 이하림 원생 등 원고가 출간될 수 있도록 도움을 주신 분들께 감사의 마음을 전한다.

Soli Deo Gloria!

2023년 3월
공동 저자 유선종 · 최희정

차례

CCRC

한국의 노인복지시설

노인복지주택 개발 기획 요소

일본의 노인복지시설

고령자 주거시설

■ 일본의 고령자 주거시설

일본의 2020년 노인인구는 약 3,600만 명에 이르고 이 중 요개호도가 높은 75세 이상의 후기고령자는 1,900만 명에 이르고 있다. 노인인구의 급속한 증가는 의료·개호·주택·생활 지원 등의 비용 증대를 가져온다. 비용 부담이 큰 시설(특별양호노인주택, 노인보건시설, 요양병상)의 요양·개호에서 재택서비스로의 전환 등 노인수의 급증은 정부의 큰 재정부담이 된다.

고령자 주거시설에는 공공에서 공급하는 특별양호노인주택, 노인보건시설 등과 민간에서 공급하는 그룹홈, 유료노인주택, 서비스형고령자주택 등이 있다. 특별양호노인주택 등의 시설 및 개호형노인주택의 공급수는 총량규제의 영향으로 공급량이 둔화되고 있지만, 2011년에 시작된 서비스형고령자주택의 공급은 증가하고 있다.[1]

일본의 경우는 한국과 달리 노인복지주택에 해당하는 유료노인주택도 개호관련 시설에 포함되며, 개호보험제도의 지원을 받을 수 있다. 이 책에서는 주택형의 서비스형고령자주택, 복지형의 유료노인주택, 특별양호노인주택 등에 대해서 구체적으로 다루고자 한다.

■ 특별양호노인주택

특별양호노인주택의 근거법은 노인복지법으로, 개호보험법에서는 개호노인복지시설로 지정되어 생활과 개호의 양면을 가진 대규모 시설의 특징이 있으며, 입주자 개호 기능이 중요시되고 있다. 개호보험법상 개호노인복지시설의 지정을 받아 운영되고 있으며, 사업 주체는 사회복지법인과 지방공공단체이고, 65세 이상의 저소득층 고령자로 신체상·정신상 현저한 장애가 있어 개호를 필요로 하는 요개호 3 이상인 경우에 입주할 수 있다. 특별양호노인주택의 설치·운영에는 정부로부터 보조금이

---

1 清原晃(2011.11), 医療・介護制度改正と動き出すサービス付き高齢者住宅, 財団法人医療関連サービス振興会月刊セミナ 189회(www.ikss.net/enterprise/images/189.pdf), 5쪽.

나오기 때문에, 입주자는 식사를 포함해서 매월 10~15만 엔 정도의 저렴한 비용으로 이용할 수 있다.

■ 그룹홈

그룹홈(group home)은 치매 상태인 노인이나 장애인이 소인원(5인~9인)의 가정적인 분위기 안에서 서로 도우면서 공동생활을 하는 곳이다. 규모 면에서는 입소정원 1명당 연면적 15.9㎡ 이상의 공간을 확보해야 한다.

비교적 안정상태에 있는 소인원의 치매 노인이 가정적인 환경 속에서 직원과 함께 생활하며, 치매의 진행을 완화하고 문제행동을 감소시키는 것을 목적으로 하고 있다.

■ 유료노인주택

유료노인주택은 입주자에게 목욕·배설 등의 개호 서비스와 식사 등을 제공하며, 노인복지법에 근거하여 신고 설치 후 운영하는 시설로, 민간 영리기업의 경영이 중심을 이루는 시설이다. 시장성에 의한 경영으로 다양한 유형의 시설이 있으며, 개호 서비스를 중심으로 하는 시설, 자립 생활이 가능한 생활형의 시설로 구분된다. 개호 서비스의 제공 방법에 따라 개호형(일반형·외부서비스이용형), 주택형, 건강형의 3가지로 나눌 수 있다. 설치에 있어서는 지방자치단체에 설치 예정지·설치자·정관 등을 사전에 신고하는 것이 노인복지법으로 규정되어 있다.

■ 서비스형고령자주택

서비스형고령자주택은 노인을 대상으로 하는 임대주택으로 고령자주택정책을 통괄하는 '고령자 거주의 안정확보에 관한 법률'에서 고령자주택 제도를 정리·통합하는 것을 목표로 개정되었다. 서비스로는 안부 확인, 생활상담서비스의 제공이 있으며 생활상담원(Life Support Advisor)을 반드시 두어야 한다.

■ 일본의 주거 및 의료복지시설 구분

대분류	소분류	
주택형	공동주택	쉐어하우스 콜렉티브하우스
	서비스형고령자주택	서비스형고령자주택 서비스 제공 주택
복지형	유료노인주택	개호형 주택형 건강형
	경비 노인주택(케어하우스)	급식형(A형) 자취형(B형) 케어하우스
	생활지원 하우스	
	양호노인주택	
	특별양호노인주택(개호노인복지시설)	
	치매 대응형 공동생활 요양시설(그룹홈)	
의료형	개호 노인보건시설	
	개호 요양형 의료시설(요양 병동)	
	개호 요양형 노인보건시설(신형 노인보건시설)	

노인주택 변천사

■ 일본 노인복지주택 · 시설의 변천 과정

1960년대부터 2020년대까지 연대별로 노인복지주택 · 시설의 변천 과정을 법 제도와 더불어 정리해보면 다음과 같다.

- 1960년대: 노인복지법 시행(1963년), 양로(養老)시설에서 노인주택으로 전환
- 1970년대: 복지정책에서 "주거"의 관점이 싹트기 시작
- 1980년대: 의료분야에서의 고령자 거주환경 정비 추진, 복지정책과 주거정책의 연계 강화
- 1990년대: 고령자복지의 전환기, 개호의 사회화에 대한 인식이 높아지고, 개호보험법이 성립됨(1997년)
- 2000년대: 개호보험법(2000년)과 고령자주거법(2001년) 시행, 자립지원과 존엄유지를 기본 이념으로 하는 고령자를 위한 주거의 위치 정립 모색, 주택확보 요 배려자에 대한 임대주택 공급 촉진에 관한 법률(주택 세프티넷법) 성립과 시행(2007년)
- 2010년대: 지역포괄케어시스템의 정비, 개정 고령자주거법의 시행과 서비스형고령자주택등록제도 시작(2011년), 개정 주택 세프티넷법 시행(2017년)
- 2020년대 이후: 코로나19 감염증 유행과 고령자주택, 시설에서 감염증 등에 대한 대응력 강화 추진

■ 세대별 노인주택 개요

2000년 개호보험 도입 이후에 대해 조금 더 구체적으로 살펴보면 식사, 건강관리 등의 생활 지원 서비스가 제공되는 그룹홈, 개호형 유료노인주택 등의 고령자주택이 확대되었고, 그 후 주택형 유료노인주택과 서비스형고령자주택 등의 외부형 서비스 상품[2]이 등장하게 된다.

이러한 고령자주택은 지역사회 안에서 다세대와 연계를 하는 등 커뮤니티의 관점

---

2 입주자가 외부에서 개호서비스를 계약하여 이용하는 형태

이 중요하게 다뤄지면서 재택개호, 소규모다기능 시설 등의 시설과 재택을 연계하는 서비스 제공이 도입되었다.

즉, 시설복지에서 재가복지로, 재가복지에서 지역복지로 점차 지역사회의 비중이 커지고 있는 것을 알 수 있다.

1세대	2000년 개호보험이 시작되기 전, 고령자 문제에 대해 행정기관이 '조치'라는 형태로 책임을 지는 시대
2세대	개호보험의 시작 직후, 이용자가 '계약'의 형태로 서비스를 선택하는 시대 그룹홈, 개호형 유료노인주택, 특정시설 등
3세대	주택형 유료노인주택과 서비스형고령자주택 등 외부형 서비스 상품 등장
4세대	지역 다 연계의 재택 개호, 소규모다기능 등의 상품으로, 시설과 재택을 연계하는 서비스 제공

노인주택 공급 동향

■ 노인주택 및 시설 수 및 세대(실) 수

2021년 4월 기준 유료노인주택 총 수는 14,995개소(개호: 498,093실, 자립: 35,288실, 합: 533,381실)이며, 그중 개호형은 4,241개(개호: 216,193실, 자립: 24,804실), 주택형은 10,734개(개호: 281,900실, 자립: 10,069실, 합: 291,969실), 건강형은 20개(자립: 415실), 개호형과 주택형은 자립자와 요개호자가 혼합하여 입주해 있고, 건강형은 자립자만 입주가 가능하다.

서비스형고령자주택은 7,841개소(개호: 236,140실, 자립: 28,318실, 합: 264,458실)이다.[3]

■ 입주 정원 수

2021년 4월 기준 유료노인주택의 입주 정원 총수는 575,104명(전년 대비 4.1% 증가)이며, 그중 개호형은 258,994명(전년 대비 2.3% 증가), 주택형은 315,547명(전년 대비 5.7% 증가), 건강형은 563명(전년 대비 2.4% 감소)이다. 서비스형고령자주택의 입주 정원 총수는 270,122명(전년 대비 4.9% 증가)이다.

종류		소관	법인별 참여 가능 영역			주택수 (개소)	세대(실) 수			정원 수(명)	
			영리 법인	사회 복지 법인	의료 법인		요개호자	자립자	합계	인원	전년 대비 증감율
유료 노인 주택	합계	후생노동성	○	○	○	14,995	498,093	35,288	533,381	575,104	4.1%
	개호형		○	○	○	4,241	216,193	24,804	240,997	258,994	2.3%
	주택형		○	○	○	10,734	281,900	10,069	291,969	315,547	5.7%
	건강형		○	○	—	20	—	415	415	563	-2.3%
서비스형 고령자주택		국토교통성 후생노동성	○	○	○	7,841	236,140	28,318	264,458	270,122	4.9%

3 2021. 8. 25. 第5回住まい_介護_医療サミット 세미나, 주식회사 HASEKO종합연구소 자료

■ 신규 공급 추이

　개호형 유료노인주택의 공급이 중심이었던 시기는 2000년대 전반으로 비교적 짧은 기간이며, 2016년 이후는 연간 5,000세대~6,000세대 수준의 저조한 공급이 이어졌다. 총량규제의 영향이 나타나기 시작한 2008년 이후는 주택형 유료노인주택의 공급이 개호형을 상회하고 있다. 개호형 유료노인주택은 2006년부터 총량규제의 영향으로 인해 신규 설립이 어려워지고, 2015년 이후는 1만 세대를 밑도는 수치가 이어지고 있다.

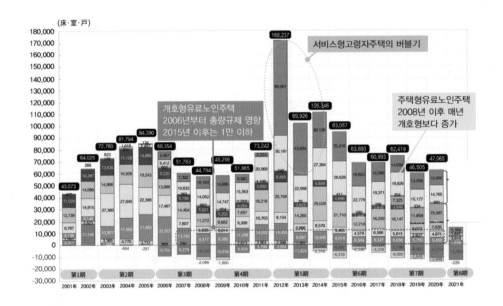

고령자주택, 시설의 신설 호 수 추이

　서비스형고령자주택의 경우, 2011년에 제도화되면서 2012년~2014년의 3년간을 버블기라고 볼 수 있다. 2012년 공급량이 급증하면서 2013년, 2014년에 걸쳐 타 시설 및 주택 대비 급격한 성장세를 확인할 수 있다.

　주택형 유료노인주택은 총량규제 대상이 아니었기 때문에 개설 건수가 증가하게 되었다고 이해할 수 있는데, 총량규제의 가장 큰 이유[4]는 개호보험 재정 악화이다.

---

4 요개호 등급을 받은 노인이 개호형 주택에 입소하여 개호서비스를 받으면 본인부담금을 제외한 개호보험 급여를 시설에 제공해야 한다. 시설의 수가 증가하고, 입소할 수 있는 요개호 상태의 노인도 많아져 개호보험 급여 지출이 기하급수적으로 증가하게 되었다. 이에 개호보험 파탄을 우려한 일본 정부가

서비스형고령자주택의 공급과잉시기도 2012년~2014년으로 짧았으며, 2015년 이후는 주택형 유료노인주택의 공급이 서비스형고령자주택을 상회하는 상황이 이어지고 있다.

주택 종류별 개설 수 현황을 살펴보면, 그림과 같이 개호형 유료노인주택, 주택형 유료노인주택, 서비스형고령자주택 모두 요개호자용 세대가 많은 것을 알 수 있다. 전체 23,088개소 중 21,543개소가 요개호자를 위한 주택에 해당한다.[5]

빠른 속도로 고령화되고 있는 우리나라도 이와 비슷한 양상이 예견되는 바, 이러한 선행 사례를 기준으로 우리 사회에 맞는 적절한 대책이 필요하다.

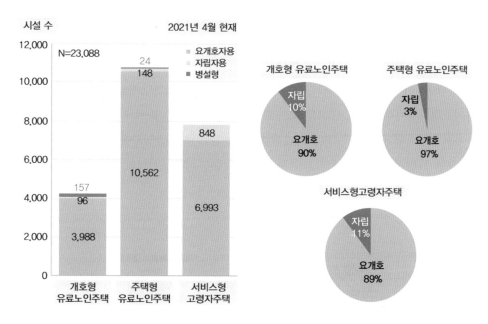

유료노인주택과 서비스형고령자주택의 시설 수

2006년 개호보험법 개정을 통해 개호서비스를 제공하는 유료노인주택 등에 대해서는 신규 설치를 억제하였다.

5 2021. 8. 25. 第5回住まい_介護_医療サミット 세미나, 주식회사 HASEKO종합연구소 자료

노인주택의 성장성

주요 노인주택 및 시설 세대 수와 CAGR(연평균성장률)을 보면, 그림6과 같이 의료, 복지시책 중에서 긴 시간에 걸쳐 정비되어 온 특별양호노인주택이나 개호노인보건시설은 잔여 세대가 많지만, 성장률은 각각 3.4%, 1.0%로 생각보다 높지 않다.

한편, 개호보험제도 개시 후에 급증한 유료노인주택과 국가에 의한 공급 촉진책(건설 보조, 세재 우대 조치 등)을 기반으로 2011년에 시작된 서비스형고령자주택의 증가는 주목할 만하다. 유료노인주택과 서비스형고령자주택에서 모두 급증한 것은 요개호 세대이다. 유료노인주택의 CAGR은 요개호의 경우 9.7%, 자립의 경우 1.0%이며, 서비스형고령자주택의 CAGR은 요개호가 23.1%, 자립은 2.4%이다.

유료노인주택에 비해 일반주택의 이미지가 강한 서비스형고령자주택에서도 그림과 같이 자립자를 위한 세대는 적게 공급된다는 사실을 인식할 필요가 있다.

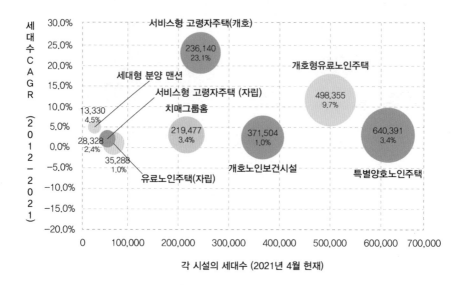

6 2021. 8. 25. 第5回住まい_介護_医療サミット 세미나, 주식회사 HASEKO종합연구소 자료.
원 안의 숫자는 세대 수(2021년 4월 현재)이고, 아래쪽 비율 표시는 2012년에서 2021년 세대 수 성장률임.

노인주택의 개발 형태

■ 노인주택의 개발 형태와 리츠 등의 역할

소유와 경영의 분리가 진행되고 있는 노인주택 업계의 상황은 다음과 같이 정리할 수 있다.[7]

> ■ 후생노동성이 소관하고 감독하는 노인주택은 복지적 발상에서 '토지 건물은 운영 사업자가 영구 소유하여 사업을 계속하는 것이 바람직하다'는 생각이 견지되어 왔다. 그러나 버블 붕괴와 2000년 개호보험제도의 창설, 영리법인의 시장 진입 등과 같이 시대의 변화에 따라 유료노인주택과 서비스형고령자주택을 중심으로 소유와 경영의 분리가 진행되고 있다.
> ■ 유료노인주택이나 서비스형고령자주택의 개발은 개인 지주의 토지 유효 활용 사례가 상당수를 차지하고 있었다. 최근, 노인주택의 부동산 유동화와 대기업에 의한 개발 및 보유가 증가해 개인 지주의 비율은 다소 저하되었지만, 그 볼륨은 여전히 크다.
> ■ KPMG헬스케어재팬(주)에 의하면, 노인주택의 부동산 유동화 잔고는 약 4,500억 엔이며, 유동화 잔액은 점차 증가하는 경향이지만 그 속도는 빠르지 않다.

■ 운영사업자별 시장점유율 및 개요

유료노인주택, 서비스형고령자주택 등의 보유자(토지, 건물)는 상장 리츠, 사모펀드, 기업지주, 개인지주, 고령자주택 운영사업자로 구분할 수 있으며, 점유 비율은 개인 지주가 약 60%를 차지하고, 나머지 상장 리츠, 사모펀드, 기업지주, 고령자주택 운영 사업자가 각각 10% 수준이라고 할 수 있다. 구체적인 내용은 다음의 표와 같다.

---

7 2021. 8. 25. 第5回住まい_介護_医療サミット 세미나, 주식회사 HASEKO종합연구소 자료

유형별 시장 점유 비율

구분	점유 비율	개요
상장 리츠 (통합형, 헬스케어 리츠)	약 10%	2014년~2015년 헬스케어 리츠 3법이 상장. 현재 순수한 헬스케어 리츠는 헬스케어&메디컬 투자법인뿐임.
사모펀드	약 10%	고령자주택 및 시설의 부동산 유동화 잔고는 약 4,500억 엔(상장 리츠 포함).
기업지주	약 10%	일부 대기업 부동산회사가 적극적으로 개발 및 보유.
개인지주	약 60%	유료노인주택, 서비스형고령자주택의 증가, 저출산 등에 의해 임대 아파트 경영이 어려워지고, 상속세 증세 대책 등에 의해 개인 지주의 토지 유효 활용의 선택지로서 고령자주택 및 시설이 주목받게 되었으나, 현재 개인 지주 파이낸스 문제점도 지적되고 있음.
고령자주택 운영사업자	약 10%	−일시금 방식에 의한 상위층 대상 고급시설 이외에서는 운영 사업자의 보유 적음. −중간층, 하위층 대상 고령자주택, 시설에서는 운영사업자가 물건의 토지, 건물을 보유하고 개발하는 케이스는 극소수.

일본의 시설별 특징 및 입주 조건

일본의 노인주거 관련 시설은 큰 틀에서 공공시설과 민간시설로 구분할 수 있으며, 공공시설에는 대표적으로 특별양호노인주택, 개호노인보건시설, 개호의료원이 있고, 그 외에도 케어하우스 일반형과 개호형과 양호노인주택이 있다.

민간시설은 3종류의 유료노인주택(개호형, 주택형, 건강형)과 서비스형고령자주택, 그룹홈, 노인용 분양 아파트가 포함된다.

각 공공과 민간시설의 특징 및 입주 조건, 입주 난이도, 종말기케어 서비스 제공 여부 및 종신 이용 가능 여부 등에 대한 구체적인 내용은 다음의 표와 같다.

■ **공공시설**

종류	특징	입주 조건				종말기케어	입주난이도	종신이용
		자립	요지원	요개호	치매			
특별양호 노인주택	요개호3 이상 입주 가능 식사, 목욕, 일상생활 지원을 받을 수 있음	×	×	○	△	○	×	○
개호노인 보건시설	퇴원 후 자택 복귀가 불안한 사람이 자택 복귀를 목적으로 하는 시설	×	×	○	○	×	△	×
개호 의료원	고도의 의료가 필요한 사람을 위해 24시간 의료케어와 개호를 받을 수 있는 시설	×	×	○	○	○	△	○
케어 하우스 (일반형)	식사, 청소 등의 생활 지원을 받을 수 있음	○	○	△	×	×	△	△
케어 하우스 (개호형)	생활에 불안이 있는 사람이 입주할 수 있는 시설로 식사, 목욕, 일상생활의 지원을 받게 됨	×	×	○	△	△	△	△
양호 노인주택	경제, 정신, 신체, 환경적으로 자택에서의 생활이 어려운 사람을 대상으로 사회 복귀를 목적으로 하는 시설	○	△	×	×	×	×	×

■ 민간시설

종류	특징	입주 조건				종말기케어	입주난이도	종신이용
		자립	요지원	요개호	치매			
개호형 유료 노인주택	개호 직원에 의한 개호서비스와 일상지원이 24시간 가능한 시설	○	○	○	○	△	○	○
주택형 유료 노인주택	생활지원과 돌봄 서비스를 받을 수 있음	○	○	△	△	△	○	○
건강형 유료 노인주택	자립 노인을 대상으로 하며, 생활 지원 서비스와 돌봄 서비스를 받을 수 있음(액티비티가 풍부한 시설)	○	×	×	×	×	○	△
그룹홈	치매 노인을 위한 곳으로, 24시간 개호서비스와 생활 지원 서비스를 받을 수 있음	×	△	○	○	○	×	○
서비스형 고령자 주택	생활지원을 받을 수 있는 배리어프리 아파트	○	○	○	○	△	○	△
노인용 분양 아파트	생활지원을 받을 수 있으며, 배리어프리 설비가 갖춰진 분양 아파트로 임대와 매매가 가능함	○	△	×	×	×	○	○

유료노인주택

유료노인주택(개호형/주택형/건강형) 개요

■ 개요

유료노인주택은 노인복지법 제29조의 규정에 따라 설치되며, 입주자의 상황이나 니즈에 맞게 개호형 유료노인주택, 주택형 유료노인주택, 건강형 유료노인주택으로 구분되고, 제공하는 서비스 내용에 따라 저비용에서 고비용까지 다양하다.

입주 가능 나이는 60세 이상 혹은 65세 이상으로 하는 곳이 많으나, 60세 이하도 특정 질병에 의해 요재호 인정을 받은 경우는 입주를 허가하는 곳도 있다.

종류별 주택의 개요와 제공하는 서비스의 내용을 살펴보면 다음과 같다.[1]

종류	개요
개호형	개호를 필요로 하는 노인이 개호와 생활지원을 받으면서 생활하는 시설 • 생활지원, 신체 개호, 재활, 식사서비스 등
주택형	자립에서 요개호 노인이 생활지원을 받으면서 생활하는 시설 • 개호가 필요한 경우는 서비스 사업소와 계약 후 이용
건강형	일상생활에 필요한 활동을 스스로 영위할 수 있는 자립상태의 노인이 가사 지원이나 식사 등의 서비스를 받으면서 생활하는 시설 • 요개호 상태가 되면 퇴거

■ 설치 기준

유료노인주택에는 설치 기준(인원 기준, 설비 기준, 운영 기준)이 있어, 그에 근거해 적절한 운영이 되고 있는지를 각 지자체가 감독·지도하고 있다.

설비 기준은 개인실의 면적이나, 복도의 폭 외에 개인실 내의 설비나 공유 설비 등도 기준을 제시하고 있으며, 운영에 대해서는 관리 규정의 제정, 명부·장부의 정비, 의료 기관과의 연계, 사업 수지 계획 등에 대해 언급하고 있다.

---

1 https://kaigo.homes.co.jp/manual/facilities_comment/list/yuryo/

유료노인주택을 설치할 때는 신고의 의무가 있지만, 그 규정이 준수되지 않는 사례가 늘어나고, 서비스형고령자주택의 위치 정립이 불명확한 점 등의 이유로, 2015년 3월에 '유료노인주택 설치 운영 표준 지도 지침'이 개정되었다. 이에 따라 유료노인주택의 해석이 넓어지고, 서비스형고령자주택도 유료노인주택에 해당하는 서비스(식사 제공 등)를 하고 있으면 신고가 필요하며, 후생노동성의 감독하에 들어가게 되었다.

개호형 유료노인주택은 인가제로 더 엄격한 설치 기준으로 운영되고 있다. 정해진 기준을 충족하고, '특정시설 입주자 생활 개호'의 지정을 받으면 개호형 유료노인주택이라고 표기할 수 있다.

구분	설치 기준
인원 기준	• 관리자, 생활 상담원, 영양사, 조리원을 배치할 것 • 정기적으로 직원 교육을 실시할 것 • 직원의 건강관리, 위생 관리를 충분히 행할 것 등
설비 기준	• 건축 기준법에 규정하는 내화 건축물 또는 준 내화 건축물로 하는 것 • 건축 기준법, 소방법 등에서 정하는 사고나 재해에 대응하는 설비를 충분히 마련할 것 • 방은 1인실로 1인당 바닥면적이 13㎡ 이상일 것 • 개호실이 있는 구역의 복도는, 휠체어로 안전하고 원활한 이동이 가능할 것 등
운영 기준	• 입주자의 정원, 이용료, 개호를 실시하는 경우의 기준, 의료를 필요로 하는 경우의 대응 등을 명시한 관리 규정을 마련할 것 • 긴급 시에 신속하고 적절하게 대응할 수 있도록 명부를 정비해 둘 것 • 수리·개수의 실시 내용, 비용 수령, 제공 서비스 등을 기록한 장부를 작성해, 2년간 보존할 것 • 의료 기관과의 협력 내용을 결정할 것 • 입주자에게 계약 내용에 따라 각각의 심신 상황에 따라 적절한 서비스를 제공할 것 • 필요한 자금을 적절한 방식으로 조달하고, 자금조달 시 주요 거래 금융기관 등을 확보해야 함 등

■ **계약 형태**

계약 형태는 다음과 같이 이용권방식, 건물 임대차 방식, 종신 건물 임대차 방식의 세 가지 방법이 있다.

• 이용권방식은 입주일시금을 내고, 전용 개인 세대와 공용 설비 등을 이용할 수 있는 권리를 갖는 방식으로, 거주공간에 대한 계약과 개호나 생활 지원 등의 서비스 계약이 일체가 된 계약 방식이다.

- 건물 임대차 방식은 계약 만료 후에도, 계약을 갱신할 수 있어 입주자가 사망했을 경우, 임대차의 권리는 상속인에게 상속되며, 거주공간에 대한 계약과 개호 등의 서비스 계약을 따로 하는 계약 방식이다.
- 종신 건물 임대차 방식은 건물 임대차 방식 중 특약에 의해 사망 시 계약이 종료되는 것으로, 입주자가 생존하고 있는 한 계속 거주할 수 있는 방식이다. 부부의 경우, 계약자가 사망한 때도 그 배우자가 생존하고 있는 경우에는 계속 거주할 권리가 인정된다.

■ 입주금 지불 방법

유료노인주택의 입주금의 지불 방법은 시설에 따라 차이가 있으나, 주로 다음의 3가지 방식이 사용된다.

- 전액 선불 방식은 예상되는 입주 기간의 임대료 상당분이 입주금으로 정해져 전액 또는 일부를 사전에 일괄하여 납부한다. 경우에 따라서는 초기에 반액 정도를 내고, 12개월 후에 나머지 반액을 내는 방법도 있다.

- 월 지불 방식은 사전에 내는 비용은 없으며, 보증금을 월 임대료로 환산하여 임대료를 매달 낸다.
- 병행 방식은 상정되는 입주 기간의 임대료 상당분의 일부를 사전에 내고, 이를 뺀 임대료분을 매달 낸다.

  예) 예상되는 입주 기간 5년(60개월), 임대료가 1,000만 엔인 경우(그림)

■ 특별양호노인주택과 차이점

유료노인주택과 특별양호노인주택은 모두 개호 서비스를 받으면서 살 수 있는 시설이다. 유료노인주택은 민간기업이 운영하는 사적시설이지만, 특별양호노인주택은 사회복지법인이나 지자체가 운영하는 공적시설이다.

그 때문에 특별양호노인주택은 소득이 낮아도 입주하기 쉬운 요금 제도이지만, 입주자격에 제한이 있어 원칙적으로 65세 이상, 요개호도 3 이상이 아니면 입주할 수 없다. 또한, 입주 요건을 충족해도 지역에 따라서는 대기자가 많아, 입주까지 시간이 걸린다.

한편, 유료노인주택은 민간이 운영하고 있기 때문에 시설마다 다르지만, 개호가 필요 없는 자립 상태부터 요개호도 5인 중(重)증의 상태까지 입주할 수 있다.

비용은 특별양호노인주택과 비교하면 비싸지만, 타사와 차별화하기 위해 시설마다 다양한 서비스가 준비되어 있어 입주자 관점에서는 선택지가 넓다고 할 수 있다.

개호형 유료노인주택

    개호형 유료노인주택은 개호가 필요한 노인들이 개호나 생활지원을 받으며 거주하는 곳으로 생활지원(식사, 세탁, 청소 등), 신체 개호(배설, 목욕 등), 기능훈련, 레크레이션, 동호회 활동 등의 서비스를 이용하게 된다.

    민간기업이 주로 운영하고 있어 기준을 충족하면 어떤 체제라도 가능하기 때문에 입주요건, 서비스내용 등 강점으로 하는 부분이 시설에 따라 다르다. 예를 들면 월 비용이 100만 엔을 넘는 고급주택부터, 입주일시금이 필요 없는 주택까지 다양하다.

    의료 시스템이 잘 갖춰져 있고, 온천이 있는 시설도 있으며, 바다가 보이는 시설이나 반려동물과 살 수 있는 시설, 치매가 있어도 입주 가능한 시설도 있다.

    개호형 유료노인주택에서 공통적으로 제공하는 서비스는 개호, 생활 지원, 건강 관리·의료 행위·긴급 대응, 식사, 재활, 레크리에이션·이벤트 등이다.

■ 직원 배치 기준 및 역할

    개호형 유료노인주택에서 직원 배치는, 입주자의 수 및 제공하는 서비스 내용에

필수 인력과 역할

직원 종류	역할
시설장 등의 관리자	시설 경영의 책임자로서 운영을 담당하며, 고령자의 개호에 대해 지식, 경험을 가진 사람을 배치하는 것이 조건임.
생활상담원	입주자나 가족으로부터 생활상의 상담을 받거나, 행정적인 업무를 담당하며, 상근 1명 이상의 배치가 의무화되어 있음.
영양사 (관리 영양사)	입주자의 건강 유지를 위한 식단 구성, 음식 재료의 선정, 관리 등의 업무를 함.
조리원	식단표에 근거해 음식을 조리하는 업무를 함.
개호 직원 및 간호 직원 등의 개호 종사자	입주자의 신체 개호 및 간호 업무를 함. 요개호자 3명당 1명 이상의 배치 의무화(요지원에 대해서는 10명당 1명 이상)
기능 훈련 지도원	물리치료사, 작업치료사, 언어치료사, 간호직원, 유도정복사 또는 안마 마사지 지압사의 자격이 있는 자가 기능 훈련 지도원이 되어, 개개의 상태에 맞는 재활 업무 수행. 각 시설 1명 이상의 배치 의무화.
케어 매니저 (개호 지원 전문원)	입주자의 목표에 따른 케어플랜(개호 서비스 계획)을 세우는 업무 수행. 1명 이상의 배치 의무화.

따라, 그 호칭과 관계없이 다음의 직원을 배치하도록 정해져 있다.

■ 비용 부담액

개호형 유료노인주택에서의 비용 부담액은 다음과 같다. 개호형 유료노인주택의 경우, 개호서비스비는 요개호도에 따라 결정되고, 이용한 서비스 내용에 상관없이 일정액의 부담금을 내게 된다.

2021년 4월 기준 10% 부담으로는 요지원 1은 30일당 5,460엔, 요개호 5는 24,210엔으로 개호도가 높을수록 비용도 비싸진다.[2]

개호도별 개호보험 10% 부담액의 예

2021년 4월 기준

요개호도 구분	비용 부담액/1개월
요지원 1	5,460엔
요지원 2	9,330엔
요개호 1	16,140엔
요개호 2	18,120엔
요개호 3	20,220엔
요개호 4	22,140엔
요개호 5	24,210엔

* 1단위 10엔의 경우. 1단위당 금액은 사는 지역에 따라 다름.

비용 내역의 예를 들면, 입주금 500만 엔, 월 이용료 20만 엔, 요개호도 3, 개호보험 10% 부담의 경우(단, 개호서비스비의 자기부담분은 지역에 따라 차이가 있음)

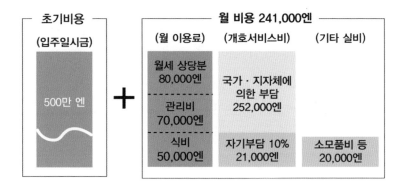

2 https://kaigo.homes.co.jp/manual/facilities_comment/list/yuryo/

주택형 유료노인주택

주택형 유료노인주택은 기본 60세 이상, 자립에서 요개호 상태의 노인이 생활 지원을 받으면서 거주하는 시설로 생활 지원(식사, 세탁, 청소 등), 식사 서비스 등의 서비스가 제공되며, 개호가 필요한 경우는 서비스 사업소와 계약을 체결하여 이용하게 된다. 즉, 시설의 직원은 개호서비스를 제공하지 않는다. 방문개호사업소나 데이케어 서비스, 재택개호지원사업소 등을 병설해서 운영하는 시설도 있으며, 입주자가 재택 서비스를 받기 쉽도록 배려하고 있다.

개호보험료 자기부담은 재택서비스와 같은 수준으로 이용한 만큼 지불하기 때문에 개호도가 높아지면 개호형 유료노인주택보다 개호서비스비가 높아질 가능성이 있다. 실제로 요개호 2 이상부터는 그 차이가 확연히 드러난다. 특히, 요개호 5의 개호형 유료노인주택 입주자의 경우 개호보험 자기 부담액이 24,210엔인 데 비해, 주택형 유료노인주택에 거주하면서 재택서비스를 이용할 때는 36,217엔으로 약 12,000엔 차이가 있다.

주택형 유료노인주택의 재택서비스 이용 비용 부담 한도액은 다음의 표3 와 같으며, 주택형 유료노인주택과 서비스형고령자주택은 이용한 개호서비스에 따라 지불하게 된다.

지급 한도액분까지는 10% 또는 20~30% 부담이지만, 지급 한도액을 넘으면 10% 부담이 된다. 재택서비스의 지급에 의한 자기 부담 한도액은 요지원 1의 경우 월 5,032엔, 요개호 5일 경우는 36,217엔이다. 금액은 지역에 따라 조금씩 차이가 있다.

---

3 https://kaigo.homes.co.jp/manual/facilities_comment/list/yuryo/

재택서비스의 개호도에 의한 지급 한도액

요개호도 구분	자기 부담 한도액/1개월
요지원 1	5,032엔
요지원 2	10,531엔
요개호 1	16,765엔
요개호 2	19,705엔
요개호 3	27,048엔
요개호 4	30,938엔
요개호 5	36,217엔

■ 서비스형고령자주택 및 개호형 유료노인주택과 차이점

주택형 유료노인주택은 서비스형고령자주택, 개호형 유료노인주택과 비교하면 다음과 같은 차이가 있다.[4]

○: 가능, △: 주택에 따라 다름, X: 없음

구분	주택형 유료노인주택	서비스형 고령자주택	개호형 유료노인주택
대상자	자립: ○ 요지원: ○ 요개호: ○ (중(中)도까지) 치매: △	자립: ○ 요지원: ○ 요개호: ○ (중(中)도까지) 치매: △	자립: ○ 요지원: ○ 요개호: ○ (중(重)도 이상) 치매: ○
제공 서비스	생활지원 건강관리 식사 준비 등 (개호는 외부 사업자가 제공)	생활지원 지킴 돌봄 등 (식사, 개호 등은 옵션)	신체개호 생활지원 건강 관리 식사 준비 지킴 돌봄 등
입주비	0엔~수백만 엔	0엔~수천만 엔	0엔~수백만 엔
월 이용료	10~30만 엔	10~30만 엔	10~30만 엔
개호직원 상주	X	X(*)	○
계약 방식	이용권방식	임대차 방식	이용권방식
개인 세대 최저 면적	13㎡ 이상	25㎡ 이상	13㎡ 이상
특정시설 입주자 생활개호 지정	없음	없음(*)	있음

* 서비스형고령자주택 중에는 도도부현으로부터 '특정시설 입주자 생활 개호'지정을 받은 곳이 일부 있음. 그 경우는, 개호형 유료노인주택과 같이 개호 직원이 상주함.

---

4 https://kaigo.homes.co.jp/manual/facilities_comment/list/yuryo/jutaku/

① 개호형 유료노인주택과의 차이점

주택형 유료노인주택과 개호형 유료노인주택은 모두 유료노인주택이라는 공통점이 있으나, 주택형 유료노인주택은 개호서비스를 사업주가 직접 제공하는 것이 아니라 필요에 따라 외부로부터 제공받게 하면 되지만, 개호형 유료노인주택은 특정시설 입주자 생활 개호라고 불리는 개호보험 서비스를 사업주가 직접 제공해야 하는 전제가 있다.

개호형 유료노인주택은 사업자가 개호보험 서비스를 제공하기 위해 개호 직원이 상주하고 있으며, 충분한 개호 서비스를 제공하기 위해서 3:1(요개호자 3명에 대해서 개호 직원 1명)의 인원 배치기준이 설정되어 있다. 또한, 개호형 유료노인주택을 운영하기 위해서는 개호보험 제도의 기준에 따라 도도부현 등으로부터 '특정시설 입주자 생활 개호'의 지정을 받는 것이 조건이다. 반면, 주택형 유료노인주택은 특정시설 입주자 생활 개호의 지정을 받지 않은 시설이다.

주택형 유료노인주택은 입주자가 필요에 따라서 외부로부터 개호 서비스를 제공받기 때문에, 개호 직원은 상주하고 있지 않다. 실제로는 시설 내에 개호 사업소를 병설하여 운영하는 경우도 많지만, 어디까지나 외부 서비스 이용이 법적 기준이다. 주택형 유료노인주택에서 요개호도가 올라간 경우, 개호 비용이 상승하기 때문에, 그 비용을 낼 수 없어 시설 이전을 검토하는 경우도 있다.

② 서비스형고령자주택과의 차이점

서비스형고령자주택은 월 이용료와 서비스 내용이 주택형 유료노인주택과 비슷한 부분이 있어, 자주 비교된다. 그러나 주택형 유료노인주택은 노인복지법에 따른 시설인 데 비해 서비스형고령자주택은 고령자 거주 안정확보에 관한 법률의 기준을 충족하여 도도부현 등에 등록된 시설이다.

그래서 개인 세대 면적이나 설비, 제공서비스도 주택형 유료노인주택과는 다른 점이 있다. 그중에서도 서비스형고령자주택의 계약방식이 임대차 방식인 데 반해 주택형 유료노인주택은 이용권방식이라는 것도 큰 차이점이라고 할 수 있다.

건강형 유료노인주택

건강형 유료노인주택은 민간사업자에 의해 운영되는 시설이며, 입주 대상은 자립 및 요지원 상태의 노인이다. 즉, 일상생활을 스스로 영위할 수 있는 자립상태의 노인이 가사 서포트나 식사 등의 서비스를 받으며 생활하는 시설로 건강한 상태를 가능한 한 유지하는 것을 목적으로 한다.

입주일시금은 비교적 고액이지만 도서관이나 피트니스, 시어터 룸 등 이용 가능한 설비가 다양하게 갖춰져 있으며, 호텔 수준에 상응하는 서비스를 제공받을 수 있다.

개호가 필요한 경우에는 외부의 개호 사업자를 이용해 요개호도에 맞는 서비스의 자기 부담분을 지불하고 사용하게 된다. 만약 요개호 상태가 되면 계약을 해지하고 퇴거해야 하지만, 개호가 필요해진 경우에 이동 가능한 시설이 근처에 마련되어 있는 시설도 있다. 다른 유형의 주택에 비해 건강형 유료노인주택은 시설 수가 현저히 적은 수준이다.

다음은 개호서비스를 이용하지 않을 때의 건강형 유료노인주택에서 입주자가 부담하는 비용이다.

외부 개호서비스를 이용한 경우
(요지원 1, 개호보험 10% 부담을 하는 사람의 경우)

초기 비용에 해당하는 입주일시금은 국가가 정한 기준이 없어서 시설에 따라 상각 기간과 상각률이 다르며, 일정 기간 내 퇴거하는 경우에는 정해진 규칙에 따라 입주자에게 반환된다.

예를 들어 입주일시금이 300만 엔이고, 초기 상각률이 20%(60만 엔), 상각 기간은 5년(60개월)인 경우, 반환금의 계산 방법은 다음의 그림과 같다.

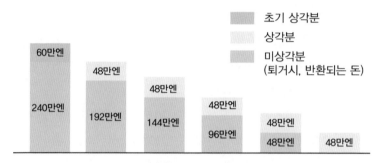

반환금의 계산 방법[5]

일반적으로 상각은 월 단위이기 때문에 48만 엔÷12개월=4만 엔씩 매월 상각된다.

만약 15개월 만에 퇴거할 경우를 계산해보면, 300만 엔에서 초기상각액을 공제하고 240만 엔－(15×4만 엔)=180만 엔이 된다. 우선, 초기상각액은 입주일시금×(1－초기상각율)이고, 잔액을 5년(60개월)간 정액으로 상각한다. 즉, 300만 엔에서 초기상각액(20%) 60만 엔을 공제하고 남은 240만 엔을 5년간 상각한다. 240만 엔은 1년에 48만 엔씩 공제하는데, 반환금은 그림과 같다.

생활비에 포함되는 거주비는 지역이나 설비, 세대의 크기 등에 따라 결정되며, 일반적으로 토지비가 비싼 도심이 높게 설정되어 있다.

또한, 시설마다 기타 생활비로서 건강관리비, 이·미용비, 레크레이션 참가비 등의 항목과 요금이 설정되어 있어 입주자는 실비로 이를 부담하게 된다.

---

5 https://kaigo.homes.co.jp/manual/facilities_comment/list/yuryo/kenko/cost/

서비스형고령자주택

서비스형고령자주택 개요

단카이세대(베이비붐세대)가 2025년에는 75세 이상의 후기고령자가 된다. 고령자를 2인 미만의 노동인구가 부양해야 하는 시대 속에서 지속가능한 사회보장제도의 확립에는 효율적인 개호보험서비스의 제공이 필수적이다. 그 관점에서 보면 개호가 필요한 고령자가 모여서 살 필요성은 앞으로 더욱 증가할 것이다. 또한, 인구 감소 시대 속에서 지속 가능한 마을만들기도 고령자의 주거 정비라는 차원에서 중요하다.

서비스형고령자주택은 2011년 제도 창설 이후 7,841개소, 264,458호(2021년 4월 기준)까지 보급되었고, 특별양호노인주택, 유료노인주택, 노인보건시설 다음의 유형으로 성장했다.[1] 또한, 요개호도 3 이하이면 사회보장비를 가장 효율적으로 활용 가능한 서비스형고령자주택은 사회보장제도 유지를 위해서도 계속하여 공급이 필요하며, 코로나라는 새로운 상태 속에서도 양질의 시설 보급이 요구된다.

서비스형고령자주택에서는 기존의 특정 시설 등에 비해 치매 케어에 충분하게 대응이 이루어지지 못하는 약점이 있다고 지적받아 왔으나, 코로나 상황을 계기로 개호서비스의 복합화, 다기능화를 목적으로 하는 등의 대응력을 높여 이러한 한계를 극복하고 있다.

한편으로는, 건설 및 개보수비용에 대해 국고 보조가 종료될 가능성이 있다는 것도 염두에 두고, 보조금 제도를 전제로 한 비즈니스 모델에서 신속히 탈피할 필요가 있다.

■ 서비스형고령자주택 버전2 시대

최근 자립기와 요개호기에서도 안심하고 생활할 수 있는 다양한 고령자용 주거를 정비하는 것이 지역포괄케어시스템의 추진을 목표로 하는 가운데 필수적이라는 인식이 확산되고 있다. 다양한 주거의 후보로서 특히 주목받아 온 것이 서비스형고령자주택이다. 2011년에 신설된 새로운 종류의 고령자주택이지만 건축주에 대해서 건설, 개수비 보조, 세제 우대 등 국가에 의한 적극적인 공급 촉진책도 있어 단기간에

---

[1] 국토교통성 홈페이지
https://www.mlit.go.jp/jutakukentiku/house/jutakukentiku_house_tk3_000005.html

급증했다. 그러나 현 상태의 서비스형고령자주택 시장을 보면 다양화와는 먼 상황이다. 등록된 28만 호 중 약 80%가 25㎡ 미만의 협소한 주거이고, 30㎡ 이상은 전체의 10%도 안 되는 수준이다. 또한, 생활 편리성이 낮은 교외에 있는 경우가 많고, 다양한 거주 수요에 대응하지 못하고 있다는 지적도 있다.

이제는 '양보다 질'의 전환점을 맞이하고 있다. 시장 확대에 기여해 온 국가의 건설 보조 시책의 종료 가능성을 염두에 두고 새로운 비즈니스 모델을 창출해 나가야 한다. 즉, '서비스형고령자주택 버전2'라는 새로운 기획을 생각해야 할 시기가 왔다.

정부의 제도에 의존하지 않는다는 관점에서는 서비스형고령자주택 등록을 희망하는 시니어용 임대주택의 증가에 주목해야 한다. 주거 면적은 넓히면서도 서비스 비용은 억제하는 등 안전한 곳에서 안심하고 지내고 싶은 자립 고령자층 확보가 중요하다. 또한, 획기적인 제도 해석과 운용으로 서비스형고령자주택 그 자체의 범위가 넓어진다는 견해도 있다. 예를 들어 정부가 지원하는 건설 보조를 받지 못하더라도 하드, 소프트 면의 등록기준이 낮은 새로운 형태의 카테고리를 만들면 저렴한 비용으로 입주 가능한 고령자주택으로 보급될 수 있을 것이다.

인구 감소가 진행되고 노동력이 한계에 달해도 안심하고 생활할 수 있는 고령사회를 만들기 위해서는 고령자주택 시장에 있어서도 낮은 비용과 효율적인 관리 운영이 가능한 생활환경 정비에 힘을 쏟아야 할 것이다.

■ 자립자용 서비스형고령자주택

2022년 11월 말 기준, 등록 수가 28만 호가 된 서비스형고령자주택의 실태는 요개호자용으로 크게 치우쳐 있는 상황으로 자립자용은 10%도 되지 않는다. 그러나 최근에는 대기업 부동산 회사가 참여하면서, 자립자용 유료노인주택 이상으로 존재감이 커졌다. 앞으로도 '시설이 아닌 주택'으로서 넓은 주거 면적과 고급 사양의 주택 설비, 분양 아파트 등의 관리 운영으로 쌓아온 거주자 간, 지역의 커뮤니티 양성 등을 강점으로 상품 등록을 생각해 볼 수 있으나 입주 시 평균 연령이 자립자라고 말할 수 없는, 약 80세라는 현 상황을 고려할 필요가 있다.

자립자용 서비스형고령자주택에서는 유료노인주택과는 달리 일상생활지원이나 개호 등의 서비스를 아웃소싱에 의해 완전히 분리한 사업 주체도 있다. 서비스 제공 노하우를 내재화하거나, 리스크 분산을 위해 신뢰할 수 있는 아웃소싱 회사를 확보하는 등 대책 마련의 필요성이 높아졌다.

서비스형고령자주택의 등록기준

■ 규모 · 설비

각 전용 부분에 부엌, 수세식 화장실, 수납설비, 세면 설비, 욕실을 갖추고 있어야 하나, 공용 부분에 공동 이용 가능한 적절한 부엌, 수납설비 또는 욕실을 두어 각 세대와 동급 이상의 거주환경이 확보되는 경우는 각 세대에 부엌, 수납설비 또는 욕실을 설치하지 않아도 무방하다. 다만, 배리어프리 구조로 설치해야 한다.

■ 서비스

케어전문가(Life Support Advisor)[2]가 일과 중 건물에 상주하고, 상황 파악 서비스와 생활 상담 서비스를 제공한다.

계약은 전용 부분을 명시하여 서면으로 체결하여야 하며, 임대차방식의 계약과 이용권방식의 계약이 있으나, 어떤 경우에도 장기 입원 등을 이유로 사업자로부터 일방적으로 해약할 수 없게 하여, 거주의 안정이 확보되는 계약 내용이어야 한다.

수령할 수 있는 금전은 보증금, 월세 · 서비스의 대가뿐이다. 권리금이나 그 외 금전을 받을 수 없다. 월세 · 서비스의 대가를 사전에 받는 경우는 다음의 경우에 해당한다.

- 사전지불금의 산정의 기초, 반환 책무의 금액의 산정 방법이 명시되어야 함.
- 입주 후 3개월 이내에 계약을 해지, 또는 입주자가 사망한 이유로 계약이 종료된 경우 (계약 해지까지의 일 수×일할 계산한 월세 등)을 제외하고, 사전 지불금을 반환해야 함.
- 반환 책무를 져야 할 때를 대비하여, 사전 지불금에 대해서 필요한 보전 조치가 강구되어야 함.

또한, 서비스형고령자주택 공사 완료 전에 보증금, 월세 등을 미리 받을 수 없다.

---

2 양성연수 수료자/사회복지법인 · 의료법인 · 지정재택서비스사업소 등의 직원/의사, 간호사, 준간호사/사회복지사, 개호복지사, 개호지원전문원

도도부현 지사 및 시정촌장이 수립하는 고령자 거주 안정 확보 계획에서 별도 기준을 마련하여 설치할 수 있다. 주거와 개호보험 서비스가 일체화되어 제공되는 '특정 시설 입주자 생활개호'의 특정을 받는 방법도 있다.

서비스형고령자주택의 등록기준은 다음의 표와 같다.

등록기준	
주택	1세대당 바닥면적: 원칙 25㎡ 이상 (단, 식당과 욕실 등 공동 공간을 설치 시 18㎡ 이상도 가능), 화장실, 세면 설비 등의 설치, 배리어프리(복도 넓이, 단차 해소, 손잡이 설치)
서비스	서비스 제공: 최소한 안부 확인, 생활 상담 서비스 * 서비스 예: 식사, 청소 등의 가사 지원 등 담당: 의료법인 등의 직원, 의사, 간호사, 개호복지사, 사회복지사, 개호지원전문 　　　원 또는 홈헬퍼 2급 이상 취득자 주간: 상주/야간: 긴급통보시스템으로 대응 가능
계약 내용	−고령자의 주거 안정이 가능한 계약이어야 함. 예)장기 입원을 이유로 사업자 　가 일방적으로 해약할 수 없게 되어 있는 등 −보증금, 임대료, 서비스비 이외의 금전 징수 금지 −사전 임대료 등의 반환 규칙 및 보전 조치 필수

등록 사업자 의무
−입주 계약에 관련된 조치 　: 제공하는 서비스 등의 등록 정보 게시, 입주자에 대한 계약 전의 설명 −등록 사항의 정보 게시, 과대광고 금지, 계약에 따른 서비스 제공

행정에 의한 지도 감독
−방문 검사, 업무 시정 지시, 등록 취소 등

입주자 요건
−60세 이상의 자 또는 요지원, 요개호 인정자 등

서비스형고령자주택과 주택형 유료노인주택의 차이 ──

서비스형고령자주택과 주택형 유료노인주택은 자립에서 요개호 상태의 노인 모두를 대상으로 한다는 점은 같지만 설비, 서비스, 이용료 측면에서 다음과 같은 차이가 있다.

■ 설비 측면

서비스형고령자주택에는 배리어프리 설비 이외에는 설비에 대한 의무가 없는 반면, 주택형 유료노인주택은 환자 이송용 침대차, 엘리베이터, 오물처리실 등의 설비, 스프링클러 설치 등이 의무사항이다.

■ 서비스 측면

서비스형고령자주택은 생활 상담 및 일과 중 돌봄서비스는 필수지만, 그 외의 야간 긴급 통보, 식사, 청소, 세탁, 병원 동행 등은 임의의 유료 서비스이다.

■ 비용 측면

주택형 유료노인주택은 입주일시금이 필요하고, 비교적 고액의 이용료가 들어가는 반면, 서비스형고령자주택은 입주일시금이 없고, 월 비용도 비교적 저렴하나, 필요한 서비스를 받으려면 별도의 비용이 들어서 추가 비용의 부담이 커질 가능성이 있다. 즉, 같은 서비스형고령자주택이라고 해도 서비스의 종류(생활지원, 개호, 건강관리 등)에 비중을 두는 정도는 주택에 따라 상당히 차이가 있다.

다세대 교류형 사례_세키스이하우스

■ **세키스이하우스_마스트 클레리안 카구라자카(동경도 신주쿠구 소재)**

세키스이하우스는 자립자를 위한 서비스형고령자주택 '그랜드 마스트' 시리즈를 수도권 중심으로 39개소 운영하고 있으며, 개호서비스사업소를 병설한 요개호자를 위한 서비스형고령자주택 '그랜드 마스트 야사시에' 시리즈도 운영하고 있다. 노쇠 예방, 건강수명 연장 등을 위해 자립상태의 건강한 시기에 서비스형고령자주택으로 주거이전의 메리트를 강조한다.

라이브러리 라운지

식당

옥상정원

어린이 놀이공간

'마스트 클레리안 카구라자카'[3]는 서비스형고령자주택(1~4층, 45세대)과 패밀리 주택(5~10층, 육아 지원 주택 71세대)의 다세대 교류형 주택으로 구성되어 있다. 특히,

---

3 세키스이하우스 그랜드 마스트 홈페이지(https://www.grandmast.jp/kagurazaka/#section1)

서비스형고령자주택은 기존 사례와는 달리 매우 희귀한, 50㎡ 이상의 넓은 세대가 중심인 곳으로, 각각의 라이프 스타일에 대응하는, 다채로운 타입의 세대를 갖추고 있다.

또한, 주택 내에 입주자의 평생학습을 서포트하는 서재 겸 도서관 라운지나 태양의 빛, 자연의 바람 등 자신의 오감을 사용해 느낄 수 있는 옥상정원과 우드 데크가 있다. 교류 공간을 개방해 입주자뿐만 아니라 주변에 사는 지역 주민들과의 교류도 즐길 수 있다.

■ 세대 평면도

A타입부터 L타입까지 총 12개의 타입이 있으며, 가장 작은 F타입이 1LDK 51.32㎡, 가장 큰 타입이 L타입으로 3LDK 84.35㎡이다.

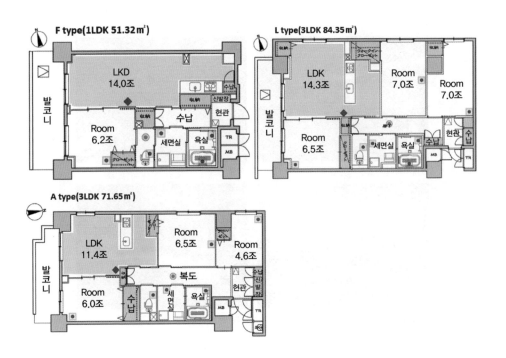

■ 비용

- 월세(전용으로 사용하는 객실의 임대료)
- 공익비(공용공간의 유지·관리·청소 비용, 공용 수도 광열비, 인건비 등)
- 생활지원 서비스비(생활상담 서비스, 상황파악 서비스, 문화·이벤트 비용)
※ 선택 서비스(식사 서비스 아침 594엔, 저녁 식사 968엔/사전 예약제, 식사한 만큼 비용 지불 방식)
* 월 비용 예(카구라자카의 경우, 해당 층에 따라 비용이 다름)

구분	1인 입주	2인 입주
세대 타입	1LDK	3LDK
면적	51.62㎡	71.65㎡
월세	191,000엔	269,000엔
공익비	28,500엔	28,500엔
생활지원 서비스비	44,000엔	66,000엔
월 합계	263,500엔	363,500엔

지역 거점형 사례_ 코코팜

■ 지역 거점형 단지재생 사업 사례

이 사례는 익숙하게 지내 온 지역에서 생활을 지속하기 위해 오래된 단지를 재생하여 서비스형고령자주택 등을 설립하기 위한 자산 활용의 사례이다.[4]

코코팜 히요시(神奈川県横浜市港北区日吉本町4-10-50 소재) 계획단계 당시, Gakken은 노인복지사업을 시작하고 4년째, 개호사업소와 고령자전용임대주택(당시)를 운영하면서, 고령자주택 비즈니스 모델에 자신감이 붙을 때였다. '프라이버시를 배려하면서 24시간 365일 의료와 개호 서비스 지원 체계를 갖추고 있으며, 식사 서비스가 제공된다. 주변과 비슷한 수준의 월세로 지역의 주민이 거주할 수 있는 곳이다'라고 하는 새로운 형태의 고령자주택 모델이다.

이것의 기본이 된 것은 '마지막 순간에 살 곳에 관한 의식조사' 결과이다. 노후 거주에 희망하는 것을 조사한 결과, 가장 많았던 1위는 '익숙한 지역에서 지속 거주 희망'이었으며, 두 번째는 '의료, 개호, 경제 면에서의 안심', 그다음으로는 '프라이버시의 배려', '식사' 등이었다. Gakken은 이 조사 결과를 기반으로 하여 코코팜 시리즈를 시작하였다.

한편, UR도시기구는 고령자주택의 정비를 추진하고 있다. 배경에는 고도성장기에 개발한 단지의 노후화, 또는 고령화된 주민과 빈집의 증가이다. 노후를 안심하고 보낼 수 있는 주택이 지역에 불충분하다는 현상에서 UR도시기구는 단지라는 기존의

---

4 月刊 SENIOR BUSINESS MARKET 2020년 5월호 38쪽.
　Gakken 코코팜 홈페이지(https://www.cocofump.co.jp/facilities/detail/hiyoshi/price/)

자산을 활용하여 고령자주택을 공급하려고 하였고, 그중 하나가 요코하마시 미나토 북구의 미나미히요시 단지이다.

■ 자금조달 관련

Gakklen은 코코팜 히요시를 기획할 무렵, 건물 신축을 계획하였으나 대규모 투자이기도하고, 계획시점(2006년~2008년)의 누적 손실이 100억 엔을 상회하여, 투자할 여력이 없었다. 고령자 사업을 비롯한 비즈니스 모델은 양호했지만, 흑자경영이 되지 못하여 한계에 부딪쳤다. 결국 회사 내의 자금이 아닌 금융기관의 차입을 통해 코코팜 히요시를 만들게 되었다.

■ Gakken 지역포괄케어시스템

Gakken 지역포괄케어시스템으로 이어지는 근간을 만들기 위해 코코팜 히요시는 코코팜 시리즈의 모델에 더해 지역 내의 아동양육세대를 위한 지역 거점형 주거를 만들었다. 자립 생활이 가능한 건강한 노인부터 개호가 필요한 노인까지 폭넓게 대응할 수 있는 구조로 방문 개호, 데이케어서비스, 단기 입소, 방문간호 등 다양한 주택계 개호서비스도 제공하고 있다. 지역 거점형 주거시설에는 Gakken 그룹이 운영하는 학습 학원이 입점되어 있고, 동일 부지 내에 보육원, 유치원, 클리닉과 약국도 병설되어 있다. 주택의 입주자뿐만 아니라 지역주민 누구라도 이용할 수 있는 구조이다.

■ 비용

보증금은 월 생활비 2개월분에 해당하는 액수이며, 월 생활비는 141,271엔~ 237,414엔 수준이다. D타입(개호형 1인용)의 수도광열비는 공익비에 포함되어 있으며, A, B, C형(자립용 2인용)은 각 가구당 미터에 의해 별도로 정산한다. 식사 서비스는 희망제로 이용한 비용만큼 내면 된다. 식비는 A, B, C타입은 아침 627엔, 점심 756엔, 저녁 756엔이며, D타입은 아침 577엔, 점심, 저녁은 각 690엔이다.

구분	임대료(엔)	공익비(엔)	생활지원 서비스비(엔)	합계(엔)
A타입 (2인실 54.85㎡)	155,000~ 158,000	8,714	40,700	204,414~ 207,414
B타입 (2인실 34.65㎡)	110,000	8,714	40,700	159,414
C타입 (2인실 70.41㎡)	185,000~ 188,000	8,714	40,700	234,414~ 237,414
D타입 (1인실 18.08~22.96㎡)	78,000~ 85,000	22,571	40,700	141,271~ 148,271

■ 세대 평면도

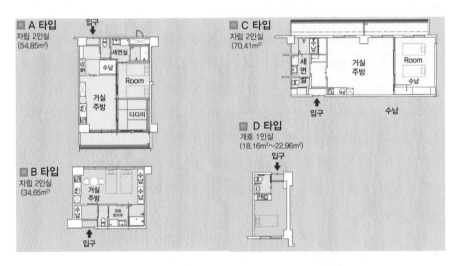

다세대 교류 복합거점형 사례_ 안단치

■ 지역공생사회 복합거점 사례 '안단치'

대지면적 1,000평에 50세대의 서비스형고령자주택 '안단치 레지던스', 간호 소규모다기능형 재택개호사업소 'HOC칸타키', 기업주도형 보육원 '안단치 보육원', 일식음식점, 장애인취업지원사업소, 보건실 렌탈 공간 등으로 구성된 지역, 다세대 교류의 장 '아스노바' 등 다채로운 기능을 가진 건물이 배치되어 있다.

안단치[5]는 2018년에 개설되었고, 이러한 의식주와 배움의 다세대 교류 복합시설을 컨셉으로 하여 사회가 과제를 공유할 수 있는 거점의 장으로 만들어졌다.[6]

■ 서비스형고령자주택 안단치 특징

그룹의 의료법인 호리타 슈 클리닉(HOC)의 재택 진료나 인접하고 있는 24시간 365일 대응의 HOC 칸타키와 방문간호 스테이션, 근처의 나나이로노사토 클리닉과 밀접한 연계로, 의료 개호의 케어 충실을 실현했다. 자립 노인으로부터 중증개호(요개호 5나 암 말기)의 노인까지, 마지막까지 서포트가 가능한 곳이다.

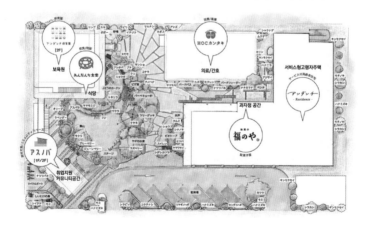

---

5 月刊 SENIOR BUSINESS MARKET 2020년 4월호 40쪽.
6 안단치 홈페이지(https://andanchi.jp/)

특별양호노인주택

특별양호노인주택 개요

특별양호노인주택은, 개호보험 서비스가 적용되는 공적시설(지자체, 사회복지법인 등이 운영)의 하나로, 개호보험제도상 '개호노인복지시설'이라고 불린다.

개호를 필요로 하는 65세 이상 노인을 위한 생활의 장으로서 24시간 개호서비스 제공을 목적으로 하며, 치매 노인 입소도 가능하다. 단, 40세~64세도 16종의 특정 질병(말기암이나 초로기 치매, 류마티스 관절염 등)이 인정되면 입주 대상이 되며, 요개호 1~2의 경우에도 특례[1]로 입주할 수 있다.

다만, 특별양호노인주택은 낮은 비용으로 적절한 서비스를 받을 수 있기 때문에 인기가 높아 대기자가 많다. 게다가 제도 개혁으로 입주 가능 요건이 요개호도 3 이상으로 엄격해져서 경도 상태인 노인들은 입주가 불가능해졌다.

특별양호노인주택은 개호도가 높은 이용자가 많기 때문에 임종 케어에 대한 니즈가 높다. 고령화 비율이 점점 높아져 '다사(多死) 사회'가 다가오는 가운데 노인이 임종을 희망하는 장소에서 보낼 수 있게 하기 위해서 어떻게 하면 좋을지 국가 차원에서 검토하고 있다. 그 일환으로 특별양호노인주택에서는 2006년부터 개호보수에 임종 개호 가산이 추가되었다. 임종을 위한 개호 케어를 실시하면 개호보수가 가산되어 특별양호노인주택에서도 임종케어를 하는 곳이 늘어나고 있다.

일본간호협회의 '개호시설 등에 있어서 간호 직원 본연의 자세에 관한 조사연구사업보고서'에서 특별양호노인주택의 82.2%가 임종 방침으로 '가능한 한 시설에서 돌본다'고 밝혔다.

또한, 후생노동성이 발표한 인구동태통계에서도 사망자의 장소별 비율에서 특별양호노인주택이나 유료노인주택의 비율이 2006년도 2.3%에서 2016년도 6.9%로 확대되었다. 병원에서의 임종과는 아직 비교가 안 되는 수치이지만, 특별양호노인주택

---

1 - 치매로 일상생활에 지장을 초래할 정도의 증상 등이 자주 보이는 경우.
  - 지적, 정신 장애 등으로 일상생활에 지장을 초래할 정도의 증상 등이 자주 보이는 경우.
  - 심각한 학대의 의심이 드는 등, 심신의 안전·안심의 확보가 곤란한 상태인 경우.
  - 단신 가구 등의 이유로 가족 등의 지원을 기대할 수 없고, 지역에서의 개호 서비스 등의 공급이 불충분한 경우.

에서 생의 마지막을 맞이하는 노인의 비율이 점점 늘고 있는 것을 알 수 있다.

참고로, 개호보험 시설에는 특별양호노인주택 이외에도 개호노인보건시설,[2] 개호요양형의료시설(요양병상),[3] 개호의료원[4]이 있으며, 개호보험 시설은 모두 입소 보증금이 없으며, 자립 및 요지원 1~2는 입주 불가능하다. 각 시설의 공통점과 차이점은 다음의 표와 같다.

단위: 만 엔, ◎:중점 대상, ○: 가능, X: 불가능

종류	예상 월 비용	요개호 1~2	요개호 3~5	치매	치매 중증	종말기 케어	입소 난이도
특별양호노인주택	10~14.4	X	◎	○	○	○	높음
개호노인보건시설	8.8~15.1	○	○	○	○	○	보통
개호의료원 (개호요양형의료시설)	8.6~15.5	○	○	○	○	◎	보통

■ 특별양호노인주택의 종류

특별양호노인주택은 다음과 같이 광역형 특별양호노인주택, 지역 밀착형 특별양호노인주택, 지역 서포트형 특별양호노인주택 3종류가 있다.[5]

① 광역형

광역형 특별양호노인주택은 정원이 30명 이상의 특별양호노인주택으로, 어디에 살고 있어도 입주 신청이 가능하다. 일반적으로 말하는 특별양호노인주택은 광역형을 의미한다.

---

2 개호노인보건시설은 리하빌리테이션을 필요로 하는 고령자의 재택 복귀와 재택생활의 계속을 지원하기 위한 목적으로 퇴원 후 자택으로 가기 전에 지내는 '중간 시설'임.
3 개호요양형의료시설은 장기적으로 의료를 받을 필요가 있는 고령자에게 요양 기회를 제공하며, 2023년도 말까지 운영하고 폐지될 예정임.
4 개호의료원은 개호요양형의료시설이 폐지될 것을 대비하기 위해 신설된 시설임.
5 https://www.minnanokaigo.com/guide/type/care-insurance-facility/tokuyou/

② 지역 밀착형

지역 밀착형 특별양호노인주택은 정원이 30명 미만으로, 원칙적으로 시설이 소재하고 있는 시구정촌에 주민표가 있는 사람만이 신청할 수 있으며, 위성형과 단독형으로 나누어진다.

위성형은 위성형 거주시설이라고도 하며, 정원 30명 이상의 특별양호노인주택이 본체 시설이고, 제휴의 형태로 본체 시설로부터 대중교통을 이용해 20분 이내에 설치, 운영되는 시설이다.

단독형은 통상의 특별양호노인주택과 동등한 설비나 개호 서비스를 단독으로 제공하는 소규모 시설을 의미한다.

③ 지역 서포트형 특별양호노인주택

지역 서포트형 특별양호노인주택은 재택 개호를 이용하고 있는 사람을 대상으로 돌봄 서비스를 제공하는 시설이며, 급속한 고령화에 따라 수요가 늘고 있다.

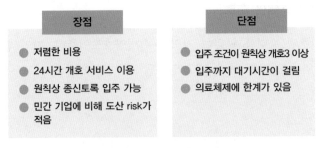

장점	단점
● 저렴한 비용	● 입주 조건이 원칙상 개호3 이상
● 24시간 개호 서비스 이용	● 입주까지 대기시간이 걸림
● 원칙상 종신토록 입주 가능	● 의료체제에 한계가 있음
● 민간 기업에 비해 도산 risk가 적음	

특별양호노인주택의 장단점

특별양호노인주택의 비용

특별양호노인주택은 입주일시금이 발생하지 않지만, 매월 부담금에 대해서는 수만 엔에서 수십만 엔 정도가 일반적이다. 연금 수입의 범위 안에서 충족되는 수준이라고 할 수 있으나, 가산 항목이 늘어난 때에는 15만 엔을 초과하기도 한다. 민간의 유료노인주택과 큰 차이는 입주일시금이 불필요하다는 점이다.

특별양호노인주택에 입주 시, 개호서비스비, 거주비(월 임대료), 식비, 일상생활비, 상황에 따라 임종 대응 비용, 기타 비용이 필요하며, 구체적인 내용은 다음과 같다.

■ 개호서비스비

개호서비스비란 개호·간호서비스를 받을 때 드는 비용이다. 개호보험서비스를 이용해도 실제 부담하는 비용은 소득에 따라 10%~30% 정도 된다. 비용은 매월 정액으로 요개호도가 무거울수록 자기 부담이 증가하게 된다.

입주하는 시설의 세대 타입에 따라서도 부담액은 달라지기 때문에 사전에 충분히 확인해 둘 필요가 있으며, 비용은 전국 공통이다.

■ 거주비(월 임대료)

특별양호노인주택의 거주비(임대료)는 국가에서 정한 '기준 비용액'에 근거하여 설정된 것으로, 유니트형 개별실이나 다인실 등, 방 타입에 따라 달라진다.

유료노인주택에서는 침대를 시작으로 가구 종류를 자신이 준비하게 되지만, 특별양호노인주택에서는 비품으로서 준비되어 있다.

■ 식비

식비는 1일 3끼분으로 계산되기 때문에 외출이나 외박으로 식사를 하지 않아도 1일분이 청구된다.

단, 입원이나 장기간 외박으로 시설에 돌아오지 않는 때에는 식사를 정지할 수 있으며, 그 경우에는 결식분을 제외하고 청구하게 된다. 또한, 거주비와 같이 식비도

나라가 정해놓은 '기준 비용액'에 근거하여 산정하게 된다.

■ 일상생활비

특별양호노인주택에서는 매일 레크레이션 등의 프로그램을 실시하고 있으나, 소요되는 재료비나 준비비는 이용자 부담이 된다. 한편, 기저귀 비용이나 일반적인 세탁에 대해서는 시설 측에서 부담한다.

■ 그 외 비용

특별양호노인주택에서는 기본 서비스(식사나 목욕 등) 이외에 손이 많이 가는 개호 서비스에 대해서는 비용이 '특별가산' 된다. 비용이 가산되는 경우가 많은 것은 돌봄 개호이다. 특별양호노인주택을 종신 이용할 때 추가 비용이 들어간다.

■ 임종 대응 비용

비용은 사망 후 계산하며, 구체적인 요금은 다음과 같다.

사망 31일 전~45일 전: 1일당 720엔
사망 4일 전~30일 전: 1일당 1,440엔
사망 전날~전전날: 1일당 6,800엔
사망일 당일: 1만 2,800엔

■ 일상생활 계속 지원 가산

특별양호노인주택의 비용을 생각할 때 주의할 점은 「일상생활 계속 지원 가산」이다. 입주자 6인당 1인 이상의 개호복지사가 상근해야 함은 물론, 시설에서 다음 내용에 해당할 때 가산이 발생한다.

■ 신규입주자의 70% 이상이 요개호 4 또는 5
■ 신규입주자의 65% 이상이 치매 일상생활 자립도Ⅲ 이상
■ 가래의 흡인 등을 필요로 하는 입주자의 비율이 15% 이상

이상의 내용 중 어떤 것이든 해당될 경우, 1일당 360엔(신규 입주자이면서 65세 이상, 치매 일상생활 자립도Ⅲ 이상은 460엔)이 가산된다.

■ 월 임대료와 식비의 예

방 타입별 임대료와 식비(30일 계산)[6]

임대료				식비
유니트형 개인실	유니트형 개별형 다인실	기존형 개인실	다인실	
5만 9,100엔	4만 9,200엔	3만 4,500엔	2만 5,200엔	4만 3,350엔

*상기 금액은 이용자 부담 4단계(일반, 시구정촌민세 과세 세대)의 경우임.[7]

---

[6] https://www.minnanokaigo.com/guide/type/care-insurance-facility/tokuyou/
[7] 개호보험시설에 있어서 부담 한도액을 알 수 있다(후생노동성 자료)

특별양호노인주택 사례_ 온가타 홈(恩方ホーム)

동경도 소재 특별양호노인주택 중 2022년 10월 검색랭킹 1위~3위의 시설을 소개한다.[8]

■ 시설 개요

1969년 6월에 개설(東京都八王子市下恩方町180-1 소재)된 시설[9]로 정원 100명, 전체 1인실(14.40㎡)이며, 지상 3층의 단독주택 형태이다.

입주자의 평균 연령은 87.88세이며, 여성 81명, 남성 17명이 생활하고 있다.

토지면적 9,118.18㎡, 연면적 5,009.83㎡이며, 토지와 건물 모두 사업주(사회복지법인 白百合会) 소유이고, 계약 시 권리 형태는 이용권방식이다.

■ 개인실의 설비

테라스, 에어컨, 커튼, 간호사 전화, BS 안테나, 평면 바닥, 지상파 안테나, 침구 세트, 미닫이문(거실), 조명기구, 휠체어 대응 세면 화장대, 피난 설비, 거울, 방화 커튼, 방재 설비, 전기온수기 등이 있다.

---

8 https://kaigo.homes.co.jp/ranking/13/
　※ 랭킹은 월간 액세스 수를 기초로 집계하고 있음. 집계 타이밍 등에 따라 순위가 변동하는 경우도 있음.
9 https://kaigo.homes.co.jp/facility/detail/f=60052/

■ 공용 시설 정보(설비 · 시설)

테라스, 로비, 리셉션, 간호사 전화, 노래방, 직원 방, 거실, 서클 클럽 룸, 안뜰, 간호 목욕탕, 개인 욕실, 공용 화장실, 의무실, 주방실, 다목적실, 린넨실, 재활실, 가정채원, 침대용 엘리베이터, 옥상 시설, 응접실, 방송 설비, 기계 욕실, 오물 처리실, 현관 홀, 오토바이 보관소, 자판기, 화단, 휠체어용 화장실, 산책로, 피난 설비, 방재 설비, 풍제실, 식품 창고, 주차장, 주륜장 등이 있다.

■ 제공 서비스

의료서비스	왕진을 통해 내과, 정신과, 치과 등의 진료와 처방을 받을 수 있으며, 필요에 따라 근처 의료기관 진료 동행, 송영 등의 서비스도 제공.
개호서비스	식사, 목욕, 배설 등을 중심으로 일상생활을 위한 다양한 서비스 제공. 입주자 10명당 언제나 같은 직원이 고정적으로 교대 근무를 하여 입주자에게 안심하고 서비스를 받을 수 있도록 함.
개별 재활서비스	필요에 따라 보행기구, 평행봉 등을 활용하여 보행 기능과 관절 가동 훈련하며, 식사, 화장실, 목욕, 레크레이션 활동에 의한 생활 재활을 중심으로 진행.
치과, 구강케어 서비스	치과의사에 의한 치료와 틀니 제작, 조정, 치위생사에 의한 구강 내 세정을 주 1회, 월 1회~4회 진행.
종말기 케어 서비스	희망자에 따라, 시설이 제공하는 의료서비스를 통해 종말기 케어를 임종까지 기존에 지내고 있는 같은 방에서 제공.

■ 비용(2021년 4월 기준)

입주 시 비용은 없으며, 매월 6.23만 엔~20.84만 엔이 소요된다.

개호보험법에 의한 시설 이용료, 식비, 거주비의 합계가 월 비용이 된다. 본인의 수입 등에 의해 시설 이용료의 부담 비율(10%)이 20~30%로 변경되며, 식비 및 거주비의 부담액이 표준액의 28~65%로 감액이 되는 경우가 있다.

■ 직원 체제

개호직원 47명, 기능훈련지원 3명, 입주자 2.5명당 개호직원 1명을 배치하고 있다.

특별양호노인주택 사례_ 츠바키 유니트형(椿ユニット型)

■ 시설 개요

기존형(2~4인실 16실, 정원 42명)과 유니트형(1인실(17.70㎡) 100실, 정원 100명, 10개 유니트)의 2종류의 특별양호노인주택이 병설되어 있다.[10]

의원이 병설되어 있어 내과 치료는 병설 의원에서도 가능하다.

토지면적 9,993.00㎡, 연면적 7,527.06㎡,

지상 5층 건물이며, 토지와 건물은 사업주(사회복지법인 天寿園会)의 소유이다. 입주 시 입주 계약 형태는 유니트형과 기존형 모두 종신건물임대차 계약방식이다.

유니트형은 입주자 평균 연령 85.7세이며, 여성이 77명, 남성이 22명이며, 기존형은 평균 연령 83.2세, 여성 30명, 남성 12명이 생활하고 있다.

법인이념은 모두(여기서 말하는 모두는 입주자, 입주자의 가족, 직원, 직원의 가족, 지역주민을 의미)를 위해서 일한다는 이념이다.

■ 비용(2021년 4월 기준)

구분	입주일시금	월 비용
유니트형 1인실 면적 17.70㎡	0엔	6.13만 엔~19.46만 엔
기존형(2명~4명) 2인실: 37.50~52.15㎡	0엔	4.25만 엔~15.22만 엔

---

10 https://kaigo.homes.co.jp/facility/detail/f=59733/

유니트형과 기존형의 월 비용 상세 내용은 다음의 표와 같으며, 월세, 식비, 그 외 비용 모두 비과세에 해당한다.

구분	유니트형(엔)	기존형	비고
월세	24,600~60,180	11,100~25,650	개호보험 부담 한도액 인정을 받아서 거주비 경감 가능(소득에 따라 1에서 4까지 4단계). 해당하는 경우 인정증 발행됨(신청 및 발행은 각 시구정촌).
식비	11.700~46,290	9,000~46,290	
그 외	25,020~88,110	22,440~80,280	개호보험 이용 서비스비임. 개호보험 서비스비 부담은 소득에 따라 10%~30%이며, 개호도에 따라 부담액이 결정됨.

■ 직원 체제

유니트형은 개호직원 70명, 기능훈련지도원 1명, 입주자 2명당 1명의 직원 체제이며, 기존형은 개호직원 28명, 기능훈련지도원 1명, 입주자 2.5명당 1명의 직원이 개호를 담당하고 있다.

■ 제공 서비스

의료서비스	병설 동백 클리닉이 있어, 내과 진료 가능. 외부의 의료 기관과도 제휴가 되어 있어, 상태의 변화에 맞는 진료에 연계 가능. 방문 치과도 필요에 따라 대응. 치매 치료 필요 시, 정신과 의사의 왕진 실시.
개호서비스	입주자의 자립 지원을 염두에 두고 유니트 케어의 실현을 목표로 하고 있으며, 클리닉이 병설되어 있으므로 입주자의 상태 변화에 신속한 대응이 가능하며, 존엄이 있는 생활을 끝까지 영위하도록 팀 케어를 실천하고 있음. 입주자(가족), 주치의, 시설 측의 삼자 의향이 같을 경우, 종말기 케어도 실시함.

■ 개인실 설비

테라스, 에어컨, 주방, 샤워, 응급 콜, 휠체어 대응 세면 화장대, 수납 선반, 지상파 안테나, 침구 세트, 욕실, 온수 세정 기능 및 휠체어 대응이 가능한 화장실, 조명 기구, 현관 인터폰, 공조 환기 설비, 피난 설비, 방화 커튼, 방재 설비, 전동 개호 침대, 전자 조리기 등이 설치되어 있다.

■ 공용설비

로비, 우드 데크, 엘리베이터, 응급 콜, 스탭 룸, 거실, 일반 욕실, 개인용 욕실, 건강 관리·상담실, 공용 화장실, 의무실, 주방실, 지역 교류 스페이스, 다목적실, 린넨실, 방송 설비, 탈의실, 방문객용 숙박 시설, 기계 욕실, 오물 처리실, 세탁실, 세면실, 현관 홀, 이상 감시 시스템, 자판기, 화단, 담화실, 휠체어 대응의 리프트 카, 휠체어용 화장실, 산책로, 피난 설비, 방재 설비, 정양실, 풍제실, 식품고, 식당, 주차장, 주륜장, 오토바이 주차장 등이 있다.

특별양호노인주택 사례_ 마스코 홈(増戸ホーム)

■ 시설 개요

1974년 7월 개설하여 동경 아키루노시에 소재(東京都あきる野市三內485-1)하고 있는 곳으로 100실, 정원 100명이며, 입주자 평균 나이는 86세, 여성 70명, 남성 28명이 생활하고 있다.

2005년 10월 지상 4층 건물을 새롭게 짓고, 그 후부터 유니트 형태로 운영하고 있다.

시설 규모는 토지면적 7,211.57㎡, 연면적 5,584.83㎡이며, 토지와 건물은 사업주(사회복지법인 白百合会) 소유이고, 입주자의 입주 계약 시 권리 형태는 이용권방식이다.

존경과 진심, 협동과 진보라는 법인이념과 입주자의 입장에서 서비스하며, 팀워크를 높이고 시설의 향상을 목표로 하는 업무 방침이 운영 정책이다.[11]

■ 비용(2021년 4월 기준)

입주일시금은 없으며, 월 생활비는 6.93만 엔~21.3만 엔이다. 월 생활비는 개호보험 부담분, 기저귀 비용 등이 포함되며, 요개호도, 나이, 그 외 조건 등에 따라 상이하다.[12]

■ 직원 체제(2021년 7월 기준)

직원 수(상근 환산)는 간호직원 3.8명(상근 2명, 비상근 4명), 개호직원 46.8명, 사회

---

11 https://kaigo.homes.co.jp/facility/detail/f=60882/
12 https://www.shirayurikai.tokyo/masukohome/facility

복지사 2명, 기능훈련지도원(운동치료사) 1명이며, 비상근 형태로 안마, 지압사가 1명 근무하고 있다. 개호 직원의 경우 입주자 2.5명당 1명 배치되는 수준을 유지하고 있다.

■ 개인실의 설비

테라스, 에어컨, 응급콜, 수납 선반, 지상파 안테나, 침구 세트, 바닥 난방, 조명기구, 공조 환기 설비, 휠체어 대응 세면 화장대, 피난 설비, 거울, 방화커튼, 방화설비, 전동 개호 침대 등이 설치되어 있다.

■ 공용 시설 정보(설비 · 시설)

機械浴室

個別浴室

카페 테라스, 로비, 프런트, 우드 데크, 중정, 엘리베이터, 응급 콜, 거실, 일반 욕실, 개인용 욕실, 기계 욕실, 건강관리 및 상담실, 의무실, 각층 더스트 슈트실, 매점, 다목적실, 린넨실, 재활실, 침대용 엘리베이터, 전망 시설, 응접실, 방송 설비, 손님용 숙박 시설, 오물 처리실 방, 세면실, 현관 홀, 미용실, 이상 감시 시스템, 탈취설비, 담화실, 휠체어 대응 리프트 카, 휠체어용 화장실, 피난설비, 방재 설비, 집회실, 요양실, 풍제(風除)실, 식품 창고, 식당, 주차장, 주륜장 등이 있다.

호스피스주택

호스피스주택 개요

■ 등장 배경 및 개요

일본에서는 2012년부터 자택 시프트 정책을 시작했으며, 병원에서 죽는 것이 당연하다고 생각했던 일본인들의 생각이 바뀌고 있다. 다음의 그림[1]과 같이 2000년 이후부터 서서히 진료소 및 병원에서 사망하는 수치가 감소하기 시작했다. 반면, 1950년부터 지속적으로 감소하던 자택에서의 사망수가 2000년을 기점으로 10%대의 보합상태를 유지하고 있으며, 시설에서의 사망수는 완만하게 증가하고 있다. 즉, 병원이 아닌 집과 같은 시설의 필요를 확인할 수 있다.

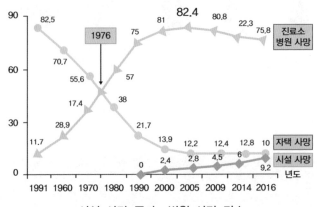

시설 사망 증가 · 병원 사망 감소

호스피스주택은 지역포괄케어의 관점에서 '암이나 난치병 등 전문적인 완화 케어를 필요로 하는 환자가 모여 사는 집'으로, 종말기 간병 난민을 위한 대책이 시급한 상황에서 등장하게 되었다.

이러한 등장 배경으로는, 첫째로 사망 인구의 증가를 들 수 있는데 2019년 사망자 수 137만 명에서 2039년에는 연간 사망자 수가 167만 명에 달할 것으로 예측하고 있다. 즉, 일본은 '다사(多死)사회'를 맞이하고 있다. 두 번째는 증대하는 사회보장비 문

---

1 후생노동성. 2015년 인구동태통계 개요

제이다. 이러한 문제로 개혁이 진행된 것이 의료보험제도이다. 공적 비용을 효율적으로 활용하고 배분하기 위해 병상 기능의 재검토가 이루어졌다. 즉, 병원은 치료하는 기능에 특화하고, 평균 재원일 수를 단축시키게 되었다. 세 번째는 수용 가능한 시설이 부족하다는 점이고, 네 번째는 말기암 환자, 난병 환자의 증가로 인해 '난민화'가 진행되고 있다는 점이다. 마지막으로 죽음에 대한 가치관의 변화이다. 연명치료를 희망하지 않으며, 마지막 순간을 '집'에서 맞이하고 싶다고 생각하는 사람이 늘었다.

그러나 자신이 생각하는 대로 실현하기 위해서는 미리부터 준비되어야 하고, 의료적 지식이나 종말기 간병 경험이 풍부한 의료전문가에 의한 지원이 필요하게 되었다. 이 '집'에는 방문간호사, 방문치료사, 방문개호사가 상주하고 있어 언제든지 간호·개호 서비스를 받을 수 있다. 따라서, 호스피스주택은 병원이나 시설이 아니며, 어디까지나 '자택=집'이다. 집의 자유로움과 병원의 안심감을 누리며 지낼 수 있도록 한 것이다.

일반적으로 유료노인주택이나 서비스형고령자주택과 비교해 의료, 간호 체제가 더 잘 갖춰져 있으며, 질 높은 완화 케어 서비스를 제공받을 수 있다는 특징이 있다.

일본에서 호스피스주택은 자신이 결정한 '집'과 커뮤니티 안에서 살아가는 것으로 이해하고, 오늘날 일본에 필요한 새로운 주택으로 도입되어 활용되고 있다. 24시간 365일, 간호사가 상주하며, 식사는 전임 쉐프(상주)가 개호식이나 의료식을 포함하여 하루 3끼를 제공한다. 즉, '집'으로서 자기 결정을 존중하고 있다.

의료종사자에 의한 통증과 고통 완화 관리 및 자택과 같은 자유로움이 공존하는 의미에서 집이 병원이라는 컨셉이 생겨났다. 호스피스주택은 자기결정에 의해 생활의 질을 보장받을 수 있는 공간으로 자리매김하고 있다.

호스피스주택은 그림에서도 알 수 있듯 안심감 측면에서는 병원, 자유도 측면에서는 자택과 같은 선상에 위치해 있다.

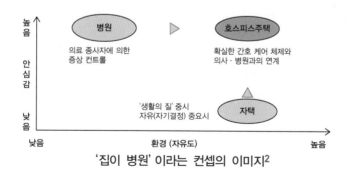

'집이 병원' 이라는 컨셉의 이미지[2]

2 월간시니어비지니스마켓 2020년 5월호 20쪽.

호스피스주택의 개발 · 운영 포인트 ──────────

■ 사업의 형태

일반적으로 기존의 호스피스주택은 비영리조직으로 운영되는 곳이 많으나, 주식회사의 형태로도 시작할 수 있으며, 벤처기업의 자본 조달 방법은 일본에서도 선택지가 늘어나고 있다. 일례로 일본호스피스홀딩스(주)의 경우, 프라이빗 액티브펀드를 파트너로 선정하여 스타트업에서 자본을 받아들인 것이 성공요인이 되었다. 최근에는 SDGs를 목표로 하는 활동이나 ESG 투자가 새로운 공감대를 형성하는 사회가 되어 사업 평가를 받을 수 있는 환경이 확대되고 있다.

■ 종류에 따른 이용료 체계

입주하는 호스피스의 종류에 따라 다음과 같이 필요한 비용이 다르다.

① 완화케어 병동의 비용

완화케어 병동에 입원하는 경우는 입원료에 식대와 상급 병실료가 들어간다. 입원료는 시설이나 입원 기간에 따라 달라지는데, 건강보험을 적용받을 수 있으며, 고액요양비 제도[3]의 대상이기도 해서 경제적인 부담을 경감시킬 수 있다.

② 유료노인주택, 서비스형고령자주택의 호스피스 플랜

호스피스 플랜이 있는 유료노인주택이나 서비스형고령자주택에 입주하는 경우, 입주비, 관리비, 식대, 일상생활비, 의료 · 개호서비스비 등이 부과된다. 거주비, 관리비는 입주하는 방이나 지역에 따라 달라지며, 월 15만 엔~30만 엔 정도 되는 곳이

───────────

3 의료비 감액 제도로서, 통상 질병이나 상해로 치료를 받았을 경우 의료보험증을 병원에 제시하면서 10%~30%를 부담하게 됨. 그러나 그 금액이 쌓여서 고액이 된 경우를 대비해 의료비의 상한 금액을 마련해두고, 부담을 억제하는 것이 고액요양비제도임.
  *고액 요양비제도에서 상한을 초과한 경우, 신청 후 2~3개월의 시간이 소요됨. 그동안 의료비 지불에 부담을 줄여주는 방안으로 고액 요양대출 제도도 마련되어 있음.

많고, 의료·개호비용의 수준은 5만 엔~25만 엔 정도이다.

호스피스에 입주 기간은 다른 시설에 비해 단기간이라는 특징이 있으므로 입주일 시금을 받지 않는 호스피스가 많다.

■ 호스피스주택과 일반적인 유료노인주택의 개발 조건 비교

개발에 필요한 조건을 일반적인 유료노인주택과 비교하면, 다음과 같다.[4]

개발에 필요한 조건	일본호스피스 홀딩스[5]의 호스피스주택	일반적인 유료노인주택
세대 수	20실~30실	50실~80실
건축 투자금	2억~3.5억 엔	7억~10억 엔
토지면적	200평~400평	500평~800평
입지(역에서부터 거리)	중요하지 않음	매우 중요함
후보지의 경쟁 정도	별로 경쟁하지 않음	다양한 업종에서 경쟁

■ 호스피스주택의 입주자 1인당 매출 이미지[6]

개호시설이 규모의 경제에 의한 생산성을 확보하고 있다면, 호스피스주택은 소규모이지만 고부가가치를 창출하고 있다고 할 수 있다. 옆의 그림과 같이 개호시설에 비해 1인당 매출이 2배에서 3배 높은 수준이다.

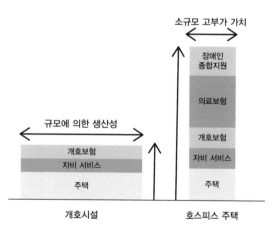

규모의 경제에 의한 생산성

---

4 월간시니어비지니스마켓 2020년 5월호 23쪽.
5 수도권과 아이치(愛知)현에서 14개의 거점을 운영하고 있으며, 2019년에 오사카 증권거래소 마더즈 시장에 상장된 곳으로 호스피스주택의 선행사례임.
6 월간시니어비지니스마켓 2020년 5월호 25쪽.

병원 · 요양시설과 호스피스주택의 차이

호스피스주택은 집에 있는 것과 같은 'at home'의 분위기 속에서 전문적인 완화케어를 받을 수 있으며, 병원과 자택의 중간쯤에 해당하는 시설로 이해할 수 있다.

본인이나 가족 관점에서 임종까지는 상당히 중요한 기간이다. 이 기간에 병원과 같은 안심감을 가지고 가족과 소중한 시간을 보낼 수 있는 장소로서 호스피스주택을 활용할 수 있다.

유료노인주택은 노인의 개호나 생활 지원을 제공하는 주거이며, 호스피스주택은 종말기를 안심하고 보낼 수 있는 요양의 장소이다.[7]

호스피스주택은 입주자가 편안하게 생활할 수 있는 환경을 제공하기 위해 병원의 일반병동이나 개호시설과는 다른 점이 몇 가지 있다.

첫 번째, 호스피스주택에서 치료를 받을 수는 없다. 병원의 일반병동에서는 병을 고치기 위한 목적으로 치료나 케어를 실시한다. 호스피스주택에서는 그러한 치료는 하지 않기 때문에 항암제 사용이나 수술 등을 받을 수 없다.

두 번째, 유료노인주택과 마찬가지로 이벤트나 레크레이션 같은 프로그램을 진행한다. 병원의 일반병동은 치료의 장소이지만, 호스피스주택은 일상생활을 보내는 집에 가까운 환경을 제공하고 있다. 이러한 배경을 바탕으로 이벤트나 레크레이션 프로그램을 진행하는 시설도 있다.

세 번째, 다직종이 연계하여 환자를 서포트한다. 병원의 일반병동에서는 치료를 위해 의사, 간호사, 약제사 등의 직원이 충분히 있다. 또한, 개호시설에서는 개호복지사 등이 케어를 실시하고 있다. 호스피스주택에서는 의료직, 복지직과 심리 상담사, 종교인, 자원봉사자 등이 팀을 이루어 입주자를 서포트하고 있다.

네 번째, 가족도 케어에 참여한다. 직원뿐만 아니라 가족도 케어에 참여할 수 있도록 가족이 숙박할 수 있는 설비가 갖추어져 있는 시설도 있다. 단, 가족용 설비는 시설에 따라 상황이 다르다.

---

7 https://kaigo.homes.co.jp/manual/facilities_comment/list/other/hospice/)

마지막으로 개별 케어를 중시한다. 호스피스주택에서도 이벤트나 레크레이션 프로그램을 진행하는 곳도 있으나, 입주자의 컨디션이 좋지 않은 경우나 의료행위가 필요한 때에는 참여하지 않기도 한다. 호스피스의 목적은 입주자가 편안히 지낼 수 있도록 하는 것으로 집단생활보다도 개별케어를 중시한다.

■ 호스피스주택의 인원 배치 이미지

호스피스주택의 인원 배치는 개호형 유료노인주택과 비교하면 개호직원의 수는 비슷한 수준이지만, 간호사의 배치가 월등하게 많아 완화 케어 서비스 제공을 충분히 할 수 있는 체계이다. 다음의 그림[8]은 30실 규모의 주택에서 표준적인 직원배치의 예이다.

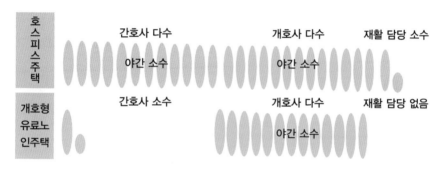

호스피스주택과 개호형 유료노인주택 인원 배치 예

---

8 月刊 SENIOR BUSINESS MARKET 2020년 5월호 22쪽.

단기입소시설 활용 사례_유니매트

■ 기존 단기 입소 시설을 호스피스형주택으로 전용한 사례

㈜유니매트 리타이어먼트 커뮤니티가 정기 순회서비스와 종말기 대응에 경험이 많은 외부 방문간호를 조합해서 기존의 단기입소시설을 호스피스형 주택으로 전용한 사례이다.[9]

영업하지 않고 있는 단기입소시설을 유료노인주택으로 전용하고, 특히 유니매트 RC의 강점을 살리고 정기순회 서비스의 노하우를 조합하여 종말기 케어에 대응 가능한 서비스 제공을 기획하게 되었다. 구체적인 사례를 소개하면 다음과 같다.

■ 시설개요

시설명	니시카미오 호스피스 케어 소요카제(西上尾ホスピスケアそよ風)
소재지	사이타마현카미오시 우에노 55-2
개설	2019년 11월 1일
유형	주택형 유료노인주택
운영주체	㈜유니매트 리타이어먼트 커뮤니티
부지면적	2,176.73㎡/연면적 1,170.80㎡
구조, 규모	철근 구조, 지상 2층, 전 30실(전 실 11.8㎡)
병설	정기순회, 임시대응형 방문개호간호 서비스, 재택개호지원 사업소, 방문간호서비스 ㈜CUC 호스피스 운영
요금	입주 보증금 260,000엔, 월세 123,000엔, 식비 45,000엔(30일 기준)
대응 가능 환자	말기암, ALS, 파킨슨병 관련 질환, 다발성 경화증, 중증 근 무력증 등 20종의 말기 악성질환

---

9 月刊 SENIOR BUSINESS MARKET 2020년 5월호 26쪽.

1층에 10실, 2층에 20실이 있고, 10실 1유닛으로 3개의 유니트로 구성되어 있다. 각 유니트마다 공용 욕실(1개), 화장실(2개), 식당(라운지)가 설치되어 있고, 전체 공용설비로는 휠체어 채로 목욕 가능한 기계욕실(1개), 상담실이 있다.

개인실의 면적은 단기입소시설의 숙박실을 그대로 활용하여, 일반적인 유료노인주택(13㎡)보다 조금 작은 11.8㎡이며, 각 실에는 개호용 침대, 캐비넷, 세면설비가 마련되어 있다.

1층에는 정기순회서비스(목욕, 배설, 식사 등 개호와 일상생활지원) 및 재택개호지원, ㈜유니매트 리타이어먼트 커뮤니티의 방문간호스테이션이 병설되어 있어, 종말기를 어떻게 보내고 싶은지 입주자와 가족으로부터 듣고 케어 플랜을 작성한 후, 정기순회서비스를 실시한다. 8명의 간호사는 바이털 체크를 시작으로 의료 대응, 긴급 시 협력의료기관의 의사에게 지시를 받아 적절한 케어를 실시한다. 협력의료기관으로부터는 담당 의사가 주 1~2회 방문하며 약사도 주 1회 방문하여 복약 관리를 한다.

니시카미오 호스피스 케어 소요카제(西上尾ホスピスケアそよ風)
외관 및 내부 모습

■ 호스피스형 주택에 필요한 포괄보수의 정기순회서비스

입주 대상은 말기암, ALS, 파킨슨병 관련 질환, 다발성 경화증, 중증 근 무력증 등의 20종의 말기 악성 질환자로 하고 있으나, 대부분은 말기암 환자이다. 평균 입원일 수는 29일이며, 평균 개호도는 2.7도로, 예상하고 있던 개호도(3.5도)보다 낮은 수준이다.

세밀한 케어가 필요한 종말기의 간호, 돌봄을 월정액(포괄보수)으로 24시간 받을 수 있는 점은 이용자에게 큰 장점이라고 할 수 있으며, 이는 운영자 입장에서도 호스피스형 주택에서 정기순회서비스의 중요성을 실감하게 되는 포인트이다.

종말기는 급변 가능성이 커서 어떤 날은 5회 방문으로 괜찮았던 입주자가 다음날은 10회로 늘어날 가능성도 크다. 일반적인 방문개호에서는 1일 방문 회수가 제한적이어서 '20분 룰'(최저방문시간), '2시간 룰'(재방문 간격)이라는 규칙이 있지만, 정기순회라면 1일 몇 번이라도 이용할 수 있어 복약 관리 5분, 배설 개호 10분 등 단시간의 이용도 가능하다. 통상적으로는 케어매니저가 작성한 케어 플랜에 따라 개호가 기본이 되지만, 긴급 시와 급변 시에는 정기순회사업소의 판단으로 입주자의 건강상태 등에 맞는 유연한 서비스로 즉시 변경할 수 있는 점도 정기순회서비스이기 때문에 가능하다고 할 수 있다.

물론 통상 방문개호, 방문간호에서도 사업화는 가능하지만, 예를 들어 상태가 악화되어 필요한 방문 횟수가 늘어나도 제도 때문에 충분한 대응이 어렵거나, 충분한 케어를 요구하면 입주자의 자기 부담액이 늘어나거나, 케어플랜의 변경을 해야 하는 케어매니저의 부담이 과대하게 되는 등의 문제들이 발생할 수 있다.

이 사례와 같이 앞으로도 기존 개호시설을 호스피스형 주택으로 용도 변경하여 운영할 가능성은 있으며, 그때 중요한 것은 ㈜유니매트 리타이어먼트 커뮤니티와 같은 종말기 대응에 경험이 있는 방문간호가 운영에 필요하다는 것이다. 또한, 인근에서 신뢰할 수 있는 재택 진료의를 찾는 것도 과제 중 하나이다.

그룹홈형 사례_ 하레루 이에(晴れる家)

■ 소규모 호스피스 시설 하레루 이에(晴れる家)

하레루 이에는 2013년 10월에 개설, 사이타마 현 코시가야시(埼玉県越谷市花田7－14－16)에 소재해 있는 곳으로, 9명이 거주하고 있다. 자택 한 채 (2층 단독주택, 방 4개)를 개조하여 만든 가정적 공간과 가족적 케어로 지역에 뿌리내린 사례이다.

일반적으로 증상이 악화하면 개호에서 의료로 이전하지만, 어느 정도 시점에서 개호로 돌아온다. 의료에서 가능한 것이 끝난 후에는 식사, 목욕, 배설 등 개호가 다시 필요해진다. 이런 상황에서 고령자 단독 세대, 노노케어와 학대 증가 등 2025년 문제가 눈앞의 상황으로 닥쳐왔다. 재택 개호의 한계점에서부터 호스피스에 대한 수요가 높아졌다고 할 수 있다.[10]

호스피스라고 해도 의료적 개입에 적극적인 시설도 있고, 운영자에 따라 다양한 형태가 있다. 비즈니스 모델로서 고령자주택사업의 연장선상에 종말기 대응이라는 서비스를 부가가치 사업으로 보고 진입하는 사례도 있다.

다만, '하레루 이에'의 경우는 이런 상황들과는 다르다. 병원에서 종말기를 보내는 것이 아니라 자신의 집에서 보내고 싶고, 가족에게 부담을 지우지 않기 위한 복잡한 심경으로 다가온 사람들에게 가족적인 분위기에서 입주자 간의 교류는 물론이고, 가족의 내방도 빈번하며 모두가 가족처럼 지내고 있다. 단독주택 같은 물리적인 조건과 직원들도 가족의 일원으로 여기는 운영 자세가 이러한 분위기를 만들어내는 원천이 된다.

---

10 月刊 SENIOR BUSINESS MARKET 2020년 5월호 29쪽.

하레루 이에의 경우, 향후의 사업 운영에 대해서는 최근 지속적으로 증가하고 있는 빈집을 활용할 계획이다.

다만, 일본의 사회적 문제이기도 한 빈집 활용에 대한 강한 의지가 있으나, 과제는 스프링클러, 개인실의 넓이, 복도의 폭 등 하드웨어 측면에 관한 행정의 제도가 장벽으로 작용하고 있어서 그런 부분들이 해결된다면 하레루 이에뿐만 아니라 이러한 유형의 사업에 도전해 보려는 예비 사업자들도 있다.

또한 유형상, 주택형 유료노인주택으로 제공하는 서비스는 방문 개호가 유일하여 특정시설과 같은 종말기 돌봄에 의한 가산 등은 생각할 수 없어 사업상 어려움이 있다.

하레루 이에의 외관 및 내부 모습

쉐어하우스형 사례

■ 자립형 주택 내 호스피스주택 병설 사례

자립 고령자를 주된 입주 대상으로 한 고베시의 개호형 유료노인주택 "디아주 고베"(운영: JR서일본 프로퍼티즈/도쿄도 미나토구)의 부지 내에, 패밀리·호스피스(同/치요타구)가 운영하는 호스피스주택 '패밀리 호스피스 고베 타루미(神戸垂水)하우스'가 2021년 6월 개설되었다.[11]

① 주택형 유료노인주택

「패밀리 호스피스 고베 타루미 하우스」는 말기암이나 난치병 등 전문적인 완화케어를 필요로 하는 사람을 대상으로 한 28실의 주택형 유료노인주택으로, 토지는 JR 서일본 프로퍼티즈에서 임차하고 건물은 자사 소유로 운영된다.

② 호스피스에서 방문 간호 제공

원래 디아주 고베에는 간호사가 24시간 상주하고 있어 의료적 케어를 필요로 하는 입주자에게도 대응해 왔다. 패밀리 호스피스가 부지 내에 개설되어 암 간호 전문 간호사 등, 보다 전문성이 높은 간호사에 의한 의료적 케어의 제공이 가능해졌다. 패밀리 호스피스 병설 방문 간호사업소에서 의료보험 적용 서비스로 방문할 뿐만 아니라 패밀리 호스피스 간호사가 디아주 고베 간호사에게 터미널(종말기) 간호 등에 관한 조언을 해주는 업무도 검토하고 있다.

---

11 《일본 주간 고령자주택신문》 2021. 8. 15 기사
　　https://www.koureisha−jutaku.com/newspaper/synthesis/20210707_17_1/

■ 중증 개호자를 위한 쉐어하우스형 호스피스주택[12]

호스피스주택이라는 컨셉의 쉐어하우스를 일본 내 17개소 운영 중인 사례로, 서로 도우며 종말기를 자신의 의사대로 자유롭게 생활할 수 있는 곳이다.

일본 총무성의 국민 의식조사에 의하면 국민의 다수가 종말기에는 자택에서 요양하고, 자택에서 임종을 맞이하고 싶다고 생각한다. 여기서 말하는 자택은 집(house)이 아니라 '자유'와 '커뮤니티' 안에서 생활하는 것으로 홈(home)의 의미이다.

쉐어하우스형 호스피스주택은 4가지의 특징을 가지고 있는데, 우선 24시간 365일 간호, 개호 직원이 상주하고 있으며, 식사 서비스로 전임 쉐프가 상주하여 하루 3끼의 식사 제공은 물론 개호식이나 의료식도 가능하다. 다음으로는 개호보험과 의료보험에 의한 재택서비스를 활용하며, 의사의 진료는 왕진의 형태로 최후의 순간까지 서포트하게 된다. 마지막으로 임대주택인 '집'으로서, 100% 자신이 의사 결정하여 종말기를 보낼 수 있다.

직원들은 자신들을 가리켜 '직업 가족＝프로페셔널한 가족'이라고 칭하며, 자신들의 역할에 대해서 다음과 같이 인지하고 있다.

쉐어하우스형 호스피스주택에는 24시간 개호, 간호직원이 상주하고 있으며, 주택 안에서 주체자는 어디까지나 입주자 본인과 가족이라고 생각한다. 그들이 원하지 않는 것에 대해서는 과도한 도움을 제공하지 않으며, 가족에게도 가정의 사정이 허락하는 범위에서 요양 지원에 관여할 수 있도록 한다.

■ 패밀리 호스피스 고베 타루미(神戸垂水) 하우스 개요

시설명	패밀리 호스피스 고베 타루미(神戸垂水) 하우스
소재지	〒655-0004 兵庫県神戸市垂水区学が丘5丁目1-2
구조 및 규모	목조 2층 단독 주택, 28실(전용면적 18.84㎡)
시설 종류	주택형 유료노인주택
월 이용료(월세, 관리비)	라이프 플랜 작성비 200,000엔 원룸 월세 80,000엔 관리비 80,000엔
식사 서비스	1일 3식, 월 48,600엔
그 외 자기 부담분	개호보험·의료보험·약제비 자기부담분 기저귀 등 소모품·휠체어 등 복지용구 렌탈비용
계약 형태	이용권방식

---

[12] http://family-hospice.com/futakotamagawa/hosupisuzyuutaku.html

■ 패밀리 호스피스 이케가미 하우스 개요

패밀리 호스피스 아케가미(池上) 하우스는 같은 패밀리 호스피스 시리즈 중, 고베 타루미 하우스와 비교하면 고급형에 해당하며, 시설 개요는 다음과 같다.

시설명	패밀리 호스피스 이케가미하우스 프레미엄플로어
소재지	〒146－0081 大田区仲池上1丁目33－9
구조	지상 8층, 52실
준공	2018년 8월
월 이용료 (월세, 관리비)	라이프 플랜 작성비 200,000엔 8층 420,000엔 4실 400,000엔 3실 7층 380,000엔 4실 360,000엔 1실 이그제큐티브 룸: 7층 460,000엔 관리비 200,880엔 ※상기 외에, 의료비, 개호비, 약재비 등의 자기 부담분, 기저귀 비용과 　일용 생활비 등이 있음
*의료보험, 장애인종합지원법에 의한 공적비용 서포트 가능	
식사서비스	1일 3식, 월 69,000엔(1일 2,300엔부터 선택 가능)
그 외 자기 부담분	개호보험·의료보험·약제비 자기부담분·기저귀 등 소모품·휠체어 등 복지용구 렌탈비용·특별한 주문에 의한 생활지원 서비스·프라이빗 간호
계약 형태	임대차계약, 이용권방식

마을만들기

마을만들기의 두 가지 흐름

마을만들기에는 두 가지의 흐름이 있다. 고령자시설을 중심으로 한 시설 내에서의 '마을 창출'과 지역을 넓게 커버하는 '마을 살리기'이다.

우선, 시설 내에서의 마을만들기는 고령자가 지금까지 살아온 마을을 시설 내에 재현하는 것이다. 그동안 자택에서부터 오랫동안 다녔던 진료소를 비롯하여 미용실이나 카페, 편의점, 잡화점 등 생활에 꼭 필요한 서비스 시설이나 가게를 포함하여 재현한다.

최근에는 유료노인주택이나 특별양호노인주택, 서비스형고령자주택에서도 추진되기 시작했다. 이웃 주민도 이용 가능한 레스토랑을 병설하여 마을다운 분위기를 만들어간다.

또한, 특별양호노인주택의 식당(레스토랑) 이용을 지역주민에게 개방하면 건설보조금의 목적 외 사용으로 행정기관으로부터 중지요청이 들어왔었으나 최근에는 지역교류라는 명목으로 오히려 장려되고 있다. 커뮤니티 카페나 치매 카페가 시설 내에 개설되고 있는 것은 좋은 예이다.

미국의 고가 노인주택에서는 도서관이나 수영장, 헬스장 등도 병설되어, 부유층의 제2의 생활 장소로 활용되고 있다. 네덜란드의 치매시설에서는 이용자에게 특별한 카드를 주어 시설 내의 미니 슈퍼에서 계산이 되도록 하고 있다. 이용액에 한도가 있어서 계산 직원이 배려하면서 사용하고 있다. 또한, 복도의 벽에 공원이나 노면 전차, 점포 등 마을의 광경을 그려 놓아 상점가의 풍경을 연출하고 있다. 치매 케어에 불가결한 생활의 계속성에 대한 실천 사례로서 호평을 받고 있다. 예를 들어 살고 있는 장소가 바뀌어도 같은 생활을 지속할 수 있는 것이 고령자 케어 그 자체이기 때문이다.

둘째는 장애인 작업소나 생활공간, 보육원, 어린이 식당 등을 병설하는 것이다. 가족이 다세대 집단에서 1인 세대로 바뀌는 것은 여러 선진국에서 공통적인 움직임이다. 가족 케어에서 사회적 케어로 변화가 요구된다. 그 상황에서 건강한 사람을 포함하여 다세대 다층성을 가진 사람을 모아 마을을 재건한다. 그것이 지역 공생사회이며, 현대판 마을만들기라고 할 수 있을 것이다.

85세 이상 초고령 노인이 되면, 빈도가 높은 치료를 해야 하는 복수의 질환을 앓게 되고, 인지기능이 떨어지는 사람들이 늘어난다. 초고령자에 대한 가족의 지원을 생각할 때, 배우자도 같은 초고령자이거나 이미 사망, 심지어 자녀 세대도 70세의 고령자인 경우도 적지 않다.

이러한 이유로 인해 초고령의 생활이 유지되기 위해서는 전문직이 제공하는 서비스와는 성격이 다른 일상생활 지원체제를 마을 안에서 구축해야 한다. 의료, 개호 연계의 강화만이 아니라 제2단계 지역포괄케어시스템의 적극적 활용이 요구된다. 지자체는 기반을 설정하고, 거기에 의료 개호 복지직, 사업소, 단체가 참여하여 주민 대표, 각종 기업, 마을만들기 디자이너, 생활지원 코디네이터, NPO 대표, 대학 및 연구기관의 연구자 등을 활용한 지역사회 전체의 디자인을 그려나가야 한다.

이러한 시대 상황들이 반영되어 최근 일본의 마을만들기형 개발의 주요 컨셉은 '다세대 교류', 'ICT', '건강수명 연장' 등이라고 할 수 있다.

SOMPO그룹의 마을만들기

■ 미래 성장전략으로 부동산 관련 업무 추진

SOMPO는 2040년의 고령 세대의 취향을 시작으로 한 미래 사회의 모습을 예측하기 위해 2018년도 하반기부터 미래 성장전략을 준비하는 '미래의 주 환경 프로젝트'[1]를 시작했다. 당연히 필요한 고령자시설, 주택의 컨셉에 대해서 SOMPO 구성원과 외부의 컨설팅 회사와 관련 분야 전문가와 함께 논의를 거듭했다. 예를 들어 SDGs가 화제인데, SOMPO는 당시부터 ZEB(Net Zero Energy Building)[2]을 의식하고, 재생 가능 에너지를 활용하는 시설 설계의 방향을 검토해 왔다. 확립한 컨셉과 논의의 내용은, 신규시설 건설의 주제로 유효하게 활용하고 있다.

SOMPO 부동산 전략의 특징은 SOMPO그룹의 다양한 리소스 활용이라고 할 수 있다. 대표적인 예로, 회사가 보유하고 있는 100개 이상의 기숙사와 사택 등의 매각 대상 부동산을 들 수 있다. 또한, 다른 개호사업자와의 차별화 전략으로 거주자의 니즈를 충족시키기 위해 대규모 디벨로퍼 등이 추진하는 '마을만들기 프로젝트'에 대해 회사의 자원을 최대한 투입하고 있다.

■ 마을만들기 프로젝트 기획의 관점

SOMPO그룹에서는 '안심, 안전, 건강의 테마 파크'를 슬로건으로 사업의 다각화를 추진하고 있으나, 그 솔루션 중 하나가 '마을만들기'이다.

일반적으로 '마을만들기'라고 하면 건축된 시설 등의 하드웨어 측면에 시선을 빼앗기기 쉬우나, 본질은 '테마 만들기'라고 할 수 있다. 저출산고령화와 인구 감소, 노동력 인구의 감소가 진행되는 오늘날, 건강 수명의 연장, 테크놀로지의 진화와 라이프스타일의 다양화, 코로나 감염을 포함한 자연재해 등, 모두 '마을'에 공통된 사회

적 과제가 있다. 다양한 상황 속에서도 살아남는 것은 공통된 주제이지만, '마을'이 요구하는 기능의 방향성은 지역 특성이다. SOMPO에서는 이러한 관점에서 핵심이 되는 개호서비스의 제공뿐만 아니라 마을에서 생활하는 거주민의 3가지 건강, 즉 '몸의 건강', '마음의 건강', '마을의 건강(사회적 건강)'에 준하여 '마을만들기'를 추진 하고 있다. 마을만들기 기획 이미지는 다음의 그림[3]과 같다.

■ 진행되는 마을만들기 프로젝트

'요코하마시 사카에구 프로젝트'에서는 토큐 부동산이 관여하고 있는 25ha에 달하 는 458세대의 분양 아파트 인근에 ICT·IoT활용에 더해, 최신 개호 기기를 갖춘 서 비스형고령자주택을 신설하고 있다.

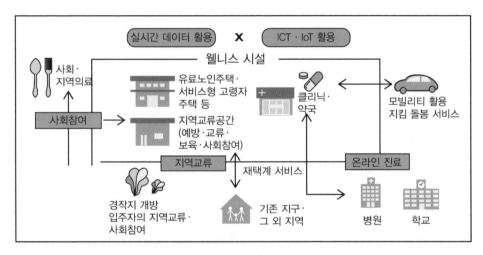

마을만들기 기획 이미지

개발 컨셉은 'smile first'로, '누구나가 밝게 웃는 얼굴'을 최우선으로 생각한 마을 만들기를 목표로 하고 있다. 시설에는 재택개호서비스 사업소(방문개호, 방문간호, 데 이케어서비스)를 병설하는 계획으로 아파트 주민을 비롯하여 지역 주민에게 개호서비 스를 제공함과 동시에 '온라인 진료시스템'을 갖춘 클리닉의 유치, 지역의 고령자를 대상으로 한 생활서포트 서비스의 제공도 검토하고 있다.

---

3 月刊 SENIOR BUSINESS MARKET 2021년 2월호 43쪽.

또한, 지역커뮤니티의 활성화와 건강증진, 다세대 교류를 목적으로 한 데이케어서비스의 지역개방을 준비하고 있다. 센다이시 이즈미구에서 추진 중인 '이즈미 파크타운 프로젝트'는 미쯔비시 지쇼, 파나소닉 그룹, 칸덴부동산개발을 사업주로 한 48ha의 이즈미 파크타운 개발 계획이다.

SOMPO는 721세대의 주택 개발 예정지 인근에 회사의 실시간 데이터 전략에 근거한 ICT, IoT를 적극적으로 활용한 유료노인주택을 신설한다. 노인주택에는 재택개호서비스 사업소(방문개호, 방문간호)를 병설하는 등, 타사와 연계하여 보육원과 지역 커뮤니티 공간도 개설한다.

또한, 요코하마시 사카에구 프로젝트도 마찬가지로 '온라인 진료시스템'을 준비한 진료소의 유치와 생활서포트 서비스의 제공을 검토하고 있는 점 외에도 커뮤니티 농장을 설치하여 고령자의 취업 기회, 사회참여 기회를 제공한다.

개호와 의료라는 틀에 갇히지 않고, 지속가능한 마을만들기를 위해 부가가치 창출의 일환을 담당하려는 것이다.

■ 토지 유효 활용

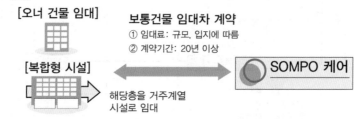

■ 토지 유효활용

■ 토지 구입

■ 시장의 니즈를 포착하는 성장전략

향후 신규시설의 개발은 수도권, 관서 권역뿐만 아니라 전국의 주요 도시에서 수요와 균형을 고려하여 유료노인주택과 서비스형고령자주택을 계속적으로 추진해 나갈 예정이다.

신규시설에 대해서는 개호서비스 시설의 개발에 그치는 것이 아니라 마을만들기 기획을 시작으로, 병원과 협동하여 의료·개호 연계를 강화하는 방안과 연계한 보육원, 유치원의 병설을 통해 다세대 간 교류의 창출, 대학과의 산학 연계에 의한 고령자의 니즈를 충족시키는 방안 등 사회적 의의를 추진해나갈 예정이다.

또한, 시장의 니즈는 있지만, 대기업 개호사업자가 진입하지 못한 시니어용 분양 아파트와 같은 새로운 영역의 비즈니스 모델도 시야에 넣고 있다.

더 나아가 SOMPO만으로는 대응이 어려운 지역이나 고객층을 커버하기 위해서 M&A나 사업양도를 추진해 나가고 있다. 첫 단추로 수도권에 서비스형고령자주택을 중심으로 19개 시설을 운영하고 있는 동경건물 시니어라이프 서포트를 2020년 12월에 매수했다. 그 외에도 신규사업으로 시니어 사업 특화형 '비지니스 프로세스 서포트 서비스'를 시작했다. 기존에 쌓아온 사업 운영 노하우 등을 더 많은 사업자에게 제공할 목적으로 개호 시설용 부동산 투자에 관한 컨설팅 서비스도 추진하고 있다.

치매 불안 제로 마을

    아이치현 오오부시(愛知県大府市)는 전국 최초로 지자체 단위에서 치매 조례를 제정하여 '치매 불안 제로 마을'을 목표로 세웠다.[4] 오오부시는 나고야역에서 전철로 약 15분 정도 거리에 있는 도시로 나고야시의 베드타운으로 최근 인구 증가가 진행되는 도시이며, 인구 약 9만 3천 명, 고령화율은 약 21%로 전국 평균보다는 다소 낮은 편이다.

■ 연구센터의 건강검진 데이터 분석 결과를 시책으로 활용

    오오부시는 치매를 둘러싼 시책을 추진하고 있으며, 그 중심 역할을 하는 것이 국립장수의료연구센터이다. 2010년부터 연구 실천 활동을 병행하면서 2017년에는 전국에서 최초로 치매에 관한 시책을 정리하여 지자체 독자적인 종합 조례 '오오부시 치매에 대한 불안 없는 마을만들기 추진 조례'를 제정하게 되고, 조례의 기본 이념은 다음과 같다.

> ■ 치매에 관한 정확한 지식과 이해에 근거하여 치매 당사자와 그 가족의 시점에 서서 추진해 나갈 것
> ■ 치매 당사자를 시작으로 누구든지 안심하고 생활할 수 있는 지역사회의 실현을 목표로 할 것
> ■ 시민, 사업자, 지역조직, 관계기관과 시가 각각의 역할 또는 책무를 인식하고, 상호 연계할 것

■ 치매 불안 제로 작전을 구성하는 3가지 축

① 뇌와 몸의 건강 체크

뇌와 몸의 건강 체크는 인지기능, 체력 검사, 보행 계측, 채혈 등을 망라하여 실시·평

---

4 月刊 SENIOR BUSINESS MARKET 2020년 11월호 36쪽.

가하고, 치매에 영향을 미칠 수 있는 요인을 검토한다.

② 프라치나 장수 건강검진

여기서 추출된 요인에 초점을 맞추어 건강검진을 받은 75세 이상의 희망자를 대상으로 태블릿을 사용한 인지기능 검사(기억력, 주의력, 실행력, 처리능력), 악력, 보행속도 검사를 실시하고 같은 세대의 평균치와 비교하여 뇌의 건강도를 5단계로 평가한다. 검사결과는 본인에게 발송함과 동시에 결과 설명회를 개최하여 평가한다.

③ 코그니 노트

뇌의 활성화에 도움이 되는 신체활동, 지적 활동, 사회활동에 대해서 매일 어느 정도 실행했는지를 스스로 기록한다. 활동 기록 수첩 같은 것으로 생각하면 편하다. 다만, 기록을 하는 데 의미가 있는 것이 아니라 그 페이지를 시내 12개 장소에 설치된 송신기를 통해 읽히면, 그 데이터는 자동적으로 장수의료연구센터로 보내지고 동시에 분석 결과 시트가 그 장소에서 출력되어, 피드백을 받을 수 있는 구조이다.

치매 불안 제로 마을 오오부시의 체계도

일상생활과 인지기능의 관련을 분석하는 것이 목적이지만, 그것을 일상적으로 반복해 자신의 행동이 객관적으로 가시화되는 것으로 참가하는 사람들의 동기부여에도 영향을 미치고 있다.

■ 치매 발생 리스크 추적 조사로 개선 효과 실증

건강의료연구센터에서는 2011년~2012년에 실시한 뇌와 몸의 건강 체크 수검자를 대상으로 치매 발생 리스크에 대해서 4년간 추적 조사를 했다. 그 결과, 인지기능이 '약간 저하된 사람', '저하된 사람'의 발생 리스크는 건강한 사람에 비해 약간 저하된 사람은 약 2배, 저하된 사람은 약 5배 높은 수준으로 나타났다. 그러나 이렇게 뇌의 건강도가 낮다고 판정받은 사람이라도 예방 활동을 통해 46%가 인지기능이 정상으로 회복된다고 보고하고 있다.[5]

오오부시에서 진행하고 있는 예방 사업 중 하나가 '건강장수 학원'이다. 이것은 시내에 3개소의 공민관에서 일주일에 1회 실시하는 개호예방 사업이다. 누구든지 자유롭게 참가할 수 있으며, 지도자 연수를 받은 시민이 강사 역할을 하게 된다. 프로그램의 주된 내용은 코그니사이즈 등 운동과 전문직(재활치료사, 보건사, 관리영양사, 치위생사 등)의 약 20분 정도 건강 교육이나 개별 상담이다.

건강장수학원 프로그램에 참가가 어려운 고령자를 위해서는 오오부시의 보건센터 1층에 코그니 바이크를 배치하여 언제든지 자유롭게 무료로 이용할 수 있도록 하고 있다.

또한, 치매나 노쇠와의 관련이 큰 구강 기능 체크에 대해서도 앞에 설명한 프라치나 장수건진과 식사 기능 검사를 진행하고 있다.

이처럼 예방 효과가 검증된 만큼 사전에 잘 기획하여 예방사업을 효율적으로 운영하는 것이 앞으로도 중요하다고 할 수 있다.

---

5 月刊 SENIOR BUSINESS MARKET 2020년 11월호 38쪽.

건강 스마트타운_ 파나소닉의 CRE

■ 지속가능한 마을만들기

저출산 고령화, 인구 감소 등 인구 동태의 대변화가 진행되고 있는 가운데 일본의 '마을'에 대한 생각도 기존의 연장선상에서는 생각할 수 없게 되었다.[6] 동시에 지진 피해나 기후 변동에 의한 침수 피해 등 재해에 대한 '안심, 안전', '건강수명연장', '의료, 개호연계', '다세대 교류', '취업 지원', '사회참가', 'DX' 등 오늘날 일본이 당면해 있는 다양한 문제해결을 위한 제안이 지금부터의 매력적인 '마을만들기'에 반드시 필요하다.

오늘날, 고령이 되어도 쾌적하게 생활을 이어갈 수 있는 시니어를 위한 주거환경이나 서비스의 정비는 지역포괄케어의 시점에서도 이미 빼놓을 수 없는 기본 요소이지만, 더 거시적인 관점에서 보면, 청장년층이나 자녀 양육 세대도 포함하여 다세대가 활기 있고 건강하게 살아갈 수 있는, 원활한 순환으로 지역의 지속가능성을 실현하는 것이 주요 테마라고 할 수 있다. 이에 대기업의 마을만들기 개발자, 건설업자, 철도회사 등 각각 다른 입장에서 각자의 강점을 활용하면서 당면한 난제들을 풀어나가는 모습을 소개하고자 한다.

■ 파나소닉의 CRE(기업부동산 활용) 전략

파나소닉(주)는 사회과제 해결을 위한 선진적 마을만들기를 추진하기 위해 15개 회사와 파트너십을 맺고, 오사카부 스이타시에 전국에서 3번째에 해당하는 지속가능형 스마트타운의 마을만들기 'Suita SST'를 추진했다.[7]

Suita SST(Suitable Smart Town)란, 파나소닉이 추진하는 CRE(Corporate Real Estate)

---

6 月刊 SENIOR BUSINESS MARKET 2021년 4월호 22쪽.
7 Suita SST 홈페이지 (https://suitasst.com/JP/)
　月刊 SENIOR BUSINESS MARKET 2021년 4월호 28쪽.

전략에 기반한 공장 부지를 활용한 서스테이너블·스마트타운 프로젝트 3탄으로 관서 지방에서는 처음이다. 파나소닉을 시작으로 타 업종 공창으로 추진되는 카나가와현 후지사와시의 'Hujisawa SST'(2014년~), 요코하마시의 'Tsunashima SST'(18년~)에 이어 차세대 스마트타운으로서 22년 4월 오픈했다.

SST 프로젝트의 이미지

파나소닉이 추진하는 서스테이너블·스마트타운에는 2가지의 주제가 있다. 첫 번째는 주거 기점의 마을만들기로 기존의 인프라를 기반으로 사람을 중심으로 두고, 주거 공간 가치·시간 가치를 높인 새로운 마을만들기를 목표로 한다. 두 번째는 사회·지역 과제를 '공생' 이노베이션에 의해 해결하는 것으로 마을만들기의 파트너기업, 주민, 지자체, 행정, 대학 등이 '공창(共創)'하는 구조를 도입하고, 차세대의 에너지, 시큐리티, 모빌리티, 웰니스, 커뮤니티의 5가지 솔루션에 도전한 마을만들기를 제안했다. 타운 컨셉으로 'Suitable Town for Fine Tomorrows'를 내세워 초고령사회를 맞이하는 일본에 있어서 누구라도 건강하고 활기 있는 생활을 지속할 수 있기 위해 주민 한 사람 한 사람에게 다가가 변화해 나가는 마을을 목표로 한다.

사업개요

소재지	오사카부 스이타시 岸部中 5쵸메
교통	JR쿄도선 岸辺역 도보 약 11분
부지 면적	약 2.3ha
착공/ 개시	2020년 봄/2022년 4월
시설 구성	• 가족용 분양 아파트(8층/100세대) • 시니어용 분양 아파트(8층/126세대) • 1인 세대 공동주택(6층/73세대) • 웰니스 복합시설(7층/서비스형고령자주택 63세대, 그룹홈, 보육원, 학습학원, 데이케어서비스) • 복합 상업시설(4층/슈퍼마켓, 클리닉 몰, 약국 등) • 교류 공원(부지 면적 약 1,400㎡)
개발 사업자	파나소닉 홈즈(주), JR서일본 부동산 개발(주), (일부, 중은 인티그레이션(주))

■ 가족, 시니어, 학생용 주택과 웰니스, 상업의 복합시설 완비

Suita SST 구성은 사진과 같이 약 2.3ha의 부지에 청년층에서 가족, 시니어까지 다세대가 생활하고, 모이고, 교류하는 5개의 시설과 교류 공원으로 구성된다.

① 가족용 분양 아파트
② 시니어용 분양 아파트
③ 1인 세대 공동 주택
④ 웰니스 복합시설
⑤ 복합 상업시설
⑥ 교류 공원

다세대 거주형 건강 스마트타운

■ 5개의 서비스 영역

파나소닉의 SST프로젝트에서는 에너지, 시큐리티, 모빌리티, 웰니스, 커뮤니티의 5가지 분야에서 참여 사업자가 각각 강점 분야를 활용하여 협업한다. 참여 사업자의 주요 역할은 다음의 표와 같다.

회사명, 지자체명	주요 역할
파나소닉(주)	마을만들기 구상의 책정·구체화를 위한 프로젝트 매니지먼트
파나소닉 홈즈(주)	주택시설이나 상업시설을 조합한 복합개발사업의 추진과 마을만들기 조직 구축
오사카 가스(주)	가정용 연료 전지 에너지 팜을 활용한 새로운 서비스 모델 만들기
칸사이전력(주)	재생에너지 100타운의 실현 모델의 구축 및 마을 에너지 레질리언스 향상을 위한 에너지 시스템 구축
Gakken그룹	마을의 웰니스 복합시설의 구축, 운영과 주변 지역도 포함한 케어 서비스 제공
쿄와(주)	퍼스널 헬스 데이터에 기반한 건강증진 서포트
세키스이화학공업(주)	마을의 히트 아이랜드 대책 검토 추진
종합경비보장(주)	AI기술 등을 활용한 최첨단 시큐리티 서비스의 구축, 제공
㈜타케나카공무점	건강 마을만들기를 지지하는 건축 코드의 책정과 그것에 기반한 공간 창출의 자문
나카긴 인테그레이션(주)	마을과 커뮤니티로 이어지는 시니어용 분양 아파트의 관리, 운영
㈜한큐 오아시스	건강에 이어지는 의료 동원의 생활을 지원하는 슈퍼마켓의 구축, 운영, 서비스 제공
서일본전신전화(주)	선진 통신 네트워크 기술을 활용한 솔루션의 검토
서일본여객철도(주) JR서일본부동산개발(주)	쿄토선 노선 개발과 연계한 풍요로운 생활을 지원하는 마을만들기
프레임라이프테크놀로지(주)	마을만들기 조직 설립과 운영
미츠이스미토모신탁은행(주)	인생 100세 시대를 안심하고 풍요롭게 지내기 위한 다채로운 상품, 서비스 개발 제공
후키타시	시의 정책 정비 추진, 선진적 마을만들기 실현의 조언, 협력

편의점 병설형 시설_ 다이와리빙의 노시치리 테라스 ─────

■ 사업 개요

고령화율 50%(2017년 9월 시점)인 대규모 단독주택단지 카미고 네오폴리스(上郷ネオポリス)[8] 내의 편의점 병설형 커뮤니티시설[9]을 개설하여 식품 사막·장보기 난민화 방지와 노인 일자리 창출의 두 마리 토끼를 잡은 사례라고 할 수 있다.

개설하게 된 배경은 주민의 고령화에 의해 장보기 난민화, 돌봄이나 상호지원을 요구하는 의견이 증가하였기 때문이다. 다이와리빙(주)와 일반사단법인 노시치리 테라스의 협업으로 '노시치리 테라스' 사업을 구상, 실현하게 되었다. 노시치리 테라스의 사업 체계도[10]는 다음의 그림과 같으며, 지역사회의 필요에 따라 커뮤니티 거점

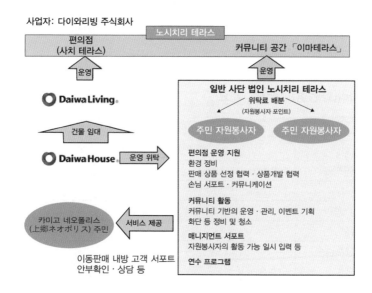

다이와리빙의 노시치리 테라스

─────

8 '네오폴리스'는 다이와하우스공업(주)에서 1962년부터 대규모 주택단지 개발을 하면서 사용하고 있는 브랜드명임.

9 月刊 SENIOR BUSINESS MARKET 2020년 1월호 64쪽.

10 https://prtimes.jp/main/html/rd/p/000001252.000002296.html

계획을 수립하고. 커뮤니티 거점 건설을 위해 요코하마시 등과 협의 결과, 건축기준법 제48조[11]의 허가를 받아, 제1종 저층 주거 전용 지역에 편의점 건설이 가능해졌고, 편의점 병설형 커뮤니티 시설 노시치리 테라스를 개발하게 되었다.

■ 노시치리 테라스의 실증

노시치리 테라스는 국토교통성이 공모한 2018년 스마트 웰니스 주택 등 추진 모델 사업(주택단지 재생 부문)에 채택되었다. 소규모 주택단지형 점포 병설 커뮤니티 시설의 주민 공창형 운영 시스템의 검증으로 제안한 결과 채택된 시설이다.

> ▪ 다세대 커뮤니티 형성
> ▪ 주민 주체의 시설 운영 · 관리에 의해 새로운 서비스와 생명 창출
> ▪ 고령자나 육아 층 등에 취업의 장소를 제공

주민 단체가 시작한 일반사단법인 「노시치리 테라스」가 지역주민으로부터 서포트 멤버로서 자원봉사를 모집해, 시설 내외의 미관 정비나 이벤트의 기획 · 운영을 한다. 또, 편의점에서는 ATM이나 복사기의 조작 설명 등을 하며, 점포 운영 지원을 한다.

또한 자원봉사자는 활동할 수 있는 일정과 시간대를 스마트폰이나 태블릿 등을 통해 전용 WEB 페이지에 입력하고 빈 시간에 부담 없이 참가할 수 있다.

■ 노시치리(野七里) 테라스 개요

명칭	노시치리 테라스(오전 8시~오후 8시
소재지	카나가와현 요코하마시 栄区 野七里 1 − 30 − 18
부지 면적	589.10㎡(178.20평)
연면적	149.78㎡(45.30평)
커뮤니티 공간	58.05㎡(연측 · 실외기 공간 포함)
편의점	91.73㎡
사업주 · 설계감수	다이와하우스 공업 주식회사
설계	주식회사ピース · アーキテクツ
시공	山岸건설 주식회사
착공	2019년 5월 29일
준공 · 개설	2019년 10월 29일

---

[11] 시가지의 환경을 보전하기 위한 제한이며, 각각 용도 지역의 목적에 따라, 건축할 수 있는 건축물의 종류나 규모가 정해져 있다.

민간기업의 지역포괄케어시스템 모델_ Gakken그룹 ──

■ 일본의 새로운 마을만들기 모델

이 사례는 지역포괄케어시스템[12]으로 민간에서 제시하여 추진하고 있는 마을만들기의 새로운 모델이다.

2025년에 단카이세대(베이비붐세대)가 75세 이상 후기고령자가 되어 의료, 개호 등의 사회보장비 증대라는 사회문제에 대해 국가는 '지역포괄케어시스템'을 활용하려고 한다. 즉, '의료와 개호가 필요한 상태가 되어도 가능한 한 익숙하게 살던 지역에서 자신답게 마지막까지 살아갈 수 있도록 의료, 개호, 예방, 주거, 생활 지원이 일체적으로 제공되는 구조'의 구축을 목표로 하고 있다.

2025년부터는 의료, 개호비가 폭발적으로 증가할 것이고, 그 상황을 대비해 가능한 한 지역 내에 있는 자원을 활용하는 방향을 모색해야 한다.

Gakken그룹은 이에 대해 지역사회에는 노인뿐만 아니라 다양한 세대의 주민들이 살고 있으므로 Gakken그룹의 미션으로 'Gakken판 지역포괄케어시스템의 실현'을 내세워 새로운 사회과제 해결을 위해 노력하게 되었다.

■ Gakken의 마을만들기 사업 목표 및 범위

Gakken그룹의 다양한 서비스와 컨텐츠를 제공하고, 외부와의 연계를 통해 75세 이상 후기고령자뿐만 아니라 자녀 양육 세대를 포함한 0세에서 100세 이상의 사람들, 모든 세대의 사람들이 익숙한 지역 안에서 안심하고 생활할 수 있는 마을만들기를 추진하였다.

사업 범위는 복합형 서비스형고령자주택, 그룹홈, 보육원, 장애 어린이를 위한 아동발달지원시설, 아동시설, 학습 학원, 서비스형고령자주택 등에서 식사를 지역 사람들에게 배식하고, 지역 안의 취로를 목표로 하는 사람들을 위한 양성학교 등 지역을

---

12 月刊 SENIOR BUSINESS MARKET 2020년 6월호 40쪽.

기반으로 수요에 부응하는 복합시설의 기능을 갖춘 마을만들기를 도모한다.

Gakken판 지역포괄케어시스템의 이미지[13]

■ 범용성 높은 모델 구축

법인 간, 다직종 연계로 전국 추진의 가능성에 도전하면서 코코팜 히요시를 개설 후 거점형 서비스형고령자주택 개발에 힘써 왔다. 이는 서비스형고령자주택을 입주자만을 위한 공간이 아니라 아동 양육 지원 등, 주변 지역주민들을 위한 서비스도 같이 제공할 수 있는 장소로서 자리매김할 필요성이 있기 때문이다.

Gakken판 지역포괄케어시스템은 3개 법인 컨소시엄에 의해 운영되는데, Gakken 그룹(서비스형고령자주택 다수 운영 노하우), 나가오카복지협회(고령자 종합케어센터 운영 노하우), 스기메디칼(방문간호 스테이션 운영 노하우)의 3개 법인이며, 이들의 구체적인 역할 분담은 다음과 같다.

---

13 https://cocofump.gakken.co.jp/care-system/

법인명	역할
Gakken그룹	프로젝트 전체 코디네이트, 건물 등의 하드 관리, 서비스형고령자주택 및 그룹홈 운영, 양육지원시설 운영
나가오카복지협회	개호예방, 치매케어, 생활지원 등
스기메디칼	케어플랜 작성, 365일 24시간 대응의 기능 강화형 방문간호로 의료와 개호를 연결하는 업무

총 105세대의 서비스형고령자주택을 중심으로 의료, 간호, 개호, 생활 지원의 각 서비스를 24시간 365일 커버하는 지역 네트워크를 구축하고, 다른 지역에서도 보급 가능한 적정 수준의 운영가격을 실현한 것이다.

■ 코코팜 카시와토요시키다이(柏豊四季台) 건물 개요 및 특징

① 개요

- 소재지: 치바현 카시와시 토요시키다이 1－3－1
- 구조, 규모: 철근 콘크리트 구조, 지상 6층
- 면적: 대지면적 3,500.30㎡, 바닥면적 6,761.82㎡

② 특징

- 주거: 서비스형고령자주택 105세대(18~72㎡)
- 개호: 재택개호·방문개호·정기 순환 임시대응형 방문개호간호·소규모다기능형 재택개호(숙박 5인)·생활지원서비스·지역포괄지원센터
- 양육 지원: 소규모 인가 보육소 19명(1, 2세 대상), 학동 보육
- 의료: 주치의 진료소·재택요양지원진료소·약국·방문간호

■ 법인 간 연계 및 다직종 연계 장벽 극복 방안

Gakken그룹은 민관 연계로 다양한 복합 거점을 개발해 왔으나, 이 프로젝트를 가장 어려웠던 케이스로 꼽는 이유는 프로젝트의 근간 컨셉인 '다직종 연계'가 어려웠기 때문이다. 다직종 연계는 심포지엄에서도 '의료와 개호의 연계' 혹은 '간호와 개호의 연계'와 같은 주제로 지속적으로 다뤄져 왔다. 의료, 개호, 간호, 식사, 생활

지원 등에서 진정한 다직종 연계가 능숙하게 작동하면 한 사람의 이용자에 대해서 잘 파악할 수 있으며, 최적의 서비스 제공을 할 수 있다.

또한, 이 연계가 전국에서 실현된다면, 이상적일 것이다. 사회 전체적으로나 이용자 개인에게도 불필요한 시간과 비용이 들어가지 않기 때문에 효율적이다. 그러나, 이상을 실현하는 것은 어려운 일이며, 3개 법인은 각각의 기업 이념이나 조직 풍토, 문화도 다르고, 고용조건도 다르다.

이런 상황을 극복하기 위해, 3개 법인의 공통 목표인 고령자의 이상적인 생활환경 실현을 잊지 않았다. 서로를 인정하려고 노력하면서 개설 전부터 3개 법인이 모여서 회의를 하고, 개설 후에도 3개 법인이 사무실을 공유하면서 대면하여 관계 형성을 지속했으며, 매일 조회도 3개 법인이 합동으로 실시했다. 그 외에도 행사나 재해 대책, 안전관리 등의 위원회 활동 또한 각 법인에서 위원을 선출하여 공동으로 활동할 수 있도록 하는 등의 노력을 통해 다직종이 기능하는 모델을 만들 수 있었다.

민관 연계형 대형복합개발

■ 복합개발 사례의 개요 및 목표

이 사례는 민관이 연계하여 추진하고 있는 대형 복합 개발 사례[14]로 오피스, 주택, 물류 시설로 구성되어 있다. 일본 우정그룹의 일본우정부동산(주)는 동경도 다이토 구에 1.4ha에 달하는 부지에 2021년 9월 착공하여 대형 복합 개발을 하였다.

'Let's Live with smiles?' 캐치프레이즈를 내세워, 오피스동, 주택동, 물류시설동의 3개 동으로 구성되어 있고, 환경과 배리어프리도 배려하며 방재 기능도 확보한 새로운 거점을 목표로 한다.

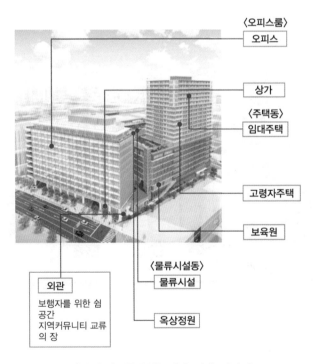

일본 우정그룹 복합 개발 사례 이미지

---

14 月刊 SENIOR BUSINESS MARKET 2020년 10월호 6쪽.

그림15의 건물 개요와 같이 오피스동은 지상 13층 건물로, 라이온(주)의 본사가 입주하는 등, 1층에는 점포(약 200㎡)도 유치하여 생활 편리성도 확보하였다.

지상 23층 주택동의 18~23층에는 미츠이부동산 레지덴셜 리스(주)가 운영하는 싱글, DINKS, 패밀리의 각 주거 타입을 갖춘 임대주택이 128호 규모로 개발되었다. 또한, 주택동 9층~17층에는 하세코그룹의 ㈜센츄리 라이프가 운영하는 개호형 유료노인주택이 입주한다. 자립형 거주공간 124실, 개호형 30실의 154실로 구성된 대규모 노인복지주택이다.

1985년 설립 이후 '센츄리 시티', '센츄리 하우스'라는 명칭으로 수도권, 칸사이권에서 11개소의 고령자주택(유료노인주택, 서비스형고령자주택)을 운영하고 있다. 2018년 4월에는 동경도 북구에서 주택, 상업, 교육, 의료 등으로 형성된 복합 커뮤니티 개호형 유료노인주택 '센츄리 시티 오오지'를 개설하는 등, 대규모 개발에 고령자주택을 포함시킨 다세대 공생형 마을만들기 사업의 참여 실적도 가지고 있다.

물류 시설동의 옥상에는 약 3,000㎡의 옥상정원을, 부지 서쪽에는 교류의 장, 건강을 지킬 수 있는 공간을 설치했다.

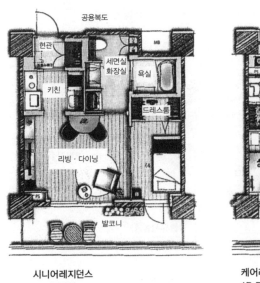

시니어레지던스
1LDK 타입
전용면적 40.05㎡

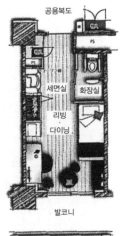

케어레지던스
1R 타입
전용면적 18.82㎡

---

15 일본우정부동산주식회사 PRESS RELEASE 2020. 8. 31. 자료

■ 크라마에 1쵸메 개발사업 계획 개요

소재지	동경도 다이토구 크라마에 1-3-25
부지면적	약 14,400㎡
연면적	약 99,300㎡
규모	지상 23층, 옥상
시설 구성	오피스동-지상 13층/연면적 약 29,500㎡ 주택동-지상 23층/연면적 약 40,800㎡ 물류시설동-지상 9층/연면적 약 29,000㎡
사업자	일본우정부동산(주)
착공	2020년 9월
준공	2023년 봄(예정)

■ 각 동의 주요 입주, 운영자

구분	용도	기업명
오피스동	오피스	라이온(주)
주택동	노인주택	㈜센츄리 라이프(하세코 그룹)
주택동	임대주택	미츠이부동산 레지덴셜 리스(주)
물류시설동	물류시설	일본우편(주)

■ 본 개발사업의 특징

■ 지구환경에 대한 배려
■ 대형복합시설에 의한 지역 활성화와 옥상정원, 크라마에에 있는 오솔길을 활용하여 쉼, 힐링 창출
■ 이용자와 지역사회를 배려한 방재 기능 확보
■ 배리어프리 배려
■ 각종 시설의 병설로 부가가치 창출

新노년의 주거, 노인복지주택

CCRC

미국의 CCRC

미국의 노인주거 정책과 발전 방향은 지속거주(Aging in Place)의 개념에 근거하여 자택(지역사회)에서의 삶을 지원하는 데 필요한 사회기반을 커뮤니티 중심으로 구축하였다.

미국의 경우, 일본과 마찬가지로 자가 점유율이 높은데 건강상의 문제 등으로 자립 생활에 어려움이 와도 생활 지원 및 요양서비스를 활용하며 지속적 생활이 가능하고, 내 집의 연장선상에서의 커뮤니티인 시니어타운도 잘 활용되고 있다.

그러나 기존의 실버타운은 체계적인 의료서비스나 건강 상태 변화에도 지속적으로 거주할 수 있는 체계적인 시스템이나 시설이 갖추어져 있지 않았다.

이러한 단점을 보완할 목적으로 1960년대 중반부터 CCRC(Continuing Care Retirement Community)[1]가 개발되기 시작했으며,[2] ASHA(American Seniors Housing Association)에 의하면, 미국 전역에 약 2천여 개의 CCRC가 있고, 대부분 비영리법인과 민간기업이 운영하고 있다.

■ CCRC 유형

CCRC는 다음과 같이 입주자의 자립정도와 케어의 필요 정도에 따라 자립형(Independent Living), 지원형(Assisted Living), 너싱홈(Nursing Care)의 3가지 유형으로 구분되며, 우리나라의 주간보호센터와 같은 기능의 데이케어센터(Adult day care center)도 있어 자신의 상황에 맞게 필요한 서비스를 이용하면서 거주할 수 있다. 각 유형의 거주공간에는 커뮤니티시설이 설치되어, 다양한 여가 활동 및 건강 관련 서비스 등을 이용할 수 있다.

입지에 따라서는 크게 도심의 '타워형'과 도시 외곽지역의 '타운형'으로 분류할 수

---

1 ASHA홈페이지(https://www.whereyoulivematters.org/)
2 김미희. (2017). 대학연계형 연속보호체계형 노인주거환경의 서비스 및 프로그램 운영 분석 연구: 미국의 사례를 중심으로. 한국주거학회논문집, 28(2), 75-83.

있다. '타운형'은 독립된 주거단지 안에 거주자들의 커뮤니티 시설들이 복합적으로 구성되어 있으며, '타워형'은 고층의 아파트 형태로 주거공간 및 커뮤니티 공간이 층별 조닝으로 구성되어 있다. 타워형의 경우, 도심에 위치하고 있어 타운형과 달리 시설 내 커뮤니티 공간 및 프로그램에 참여를 입주자들뿐만 아니라 필요에 따라 지역주민들에게도 개방하는 방식으로 운영하고 있다.

구분	기능
자립형 (IL: Independent Living)	일상생활을 독립적으로 영위하면서 필요한 서비스(식사, 청소, 세탁, 응급 콜 등)를 제공받는 형태
지원형 (AL: Assisted Living)	자립형의 서비스와 더불어 자신의 상태에 따라 옷 입기, 복약, 목욕, 병원 동행 등 일상생활에 대한 보조를 받는 형태로 치매 등의 메모리 케어가 포함됨
너싱홈 (NH: Nusing Home)	24시간 간호 서비스, 재활서비스 등 자신의 상태에 따라 장기, 단기 보호를 CCRC 내 진료소, 간호시설을 통해 제공받는 형태

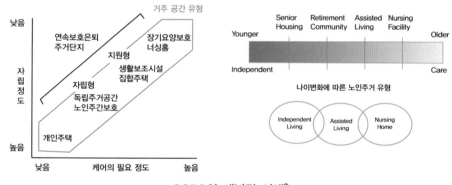

CCRC의 개념적 이해[3]

■ 비용

CCRC의 초기 입주비는 몇천 달러에서 100만 달러 이상에 이르는 일회성 선지급 비용이고, 평균 입주비는 약 329,000달러 수준이다. CCRC가 제공하는 계약 유형에 따라 입주비 일부를 환불받을 수 있다.

월 생활비는 지역사회 생활과 관련된 서비스 및 편의시설이 포함되기 때문에 거주지

---

3 곽인숙. (2001). 미국의 연속보호 은퇴주거단지의 특성에 관한 연구. 대한주거학회지, 39(12). 96. 원문 그림 참고로 저자 재구성.

크기, 거주하는 사람 수, 이용 가능한 서비스 및 편의시설의 범위에 따라 다르다.

■ CCRC 계약의 유형[4]

ASHA(American Seniors Housing Association)는 CCRC의 서비스 비용을 지급하는 방법과 수용할 수 있는 위험의 정도는 계약 유형에 따라 다르다고 제시한다. CCRC 의 계약을 A타입－생애 관리 계약(Life Care contracts), B타입－변형된 계약(Modified contracts), C타입－유료 서비스 계약(Fee－for－Service contracts)의 3가지 유형으로 구분하고 있다.

CCRC 계약의 유형

구분	A타입(Life Care contracts)	B타입(Modified contracts)	C타입(Fee-for-Service contracts)
입주비	$160,000~$600,000	$80,000~$750,000	$100,000~$500,000
비용(월)	$2,500~$5,400	$1,500~$2,500	$1,300~$4,300

일반적으로 A타입(Life Care contracts)은 자립 노인에게 제공되고, 케어가 필요하게 된 시점에 요양시설로 이주하게 되어도 자립형 주거시설과 비슷한 수준의 요금을 내면 된다. 사업주의 입장에서는 위험부담이 있으나 입주자에게는 생애 관리를 보장받을 수 있어 안전성의 효과가 있다.

반면, B타입(Modified contracts)의 경우, 초기 자립상태에는 조금 저렴한 비용으로 일부 의료서비스만 이용하면서 생애 관리 계약을 한 입주자들과 같은 주택 및 편의시설을 이용하지만, 케어의 필요에 따라 요양시설로 이동하게 되면 일정 기간만 자립형 주거시설의 생활비를 내고, 이후에는 요금 전액을 지급하게 된다.

마지막으로 C타입(Fee－for－Service contracts)은 입주비가 생애 관리 계약, 변형된 계약보다 낮거나 전혀 없지만, 유료 서비스 계약에 따라 거주자는 할인된 의료서비스나 생활 보조 서비스를 받을 수 없고, 요양시설로 이주하게 되면 일반적으로 더 높은 비용을 내야 한다.

---

4 https://www.whereyoulivematters.org/what－is－a－ccrc/

미국 CCRC 사례_ Sun City West

■ Sun City West 개발 경위

Sun City West[5]는 원래 Sun City Arizona에서 서쪽으로 2.5마일 떨어진 곳에 16,900가구로 이루어진 커뮤니티였고, 개발사 Del Webb이 1978년에서 1997년 사이에 대규모의 편의시설이 풍부한 골프 코스 커뮤니티로 건설하고 발전시켰다.

1978년 매우 인기 있는 Sun City Arizona 커뮤니티가 완공된 후 Del Webb 사는 북서쪽의 넓은 부지를 구입하고 Sun City West 건설을 시작했다. 새로운 커뮤니티에는 Sun City와 마찬가지로 인기 있는 활동적인 부대시설이 많이 포함되어 있으며, 규모는 Sun City Arizona에 비해 약간 작다.

■ 주택 스타일 및 규모

19년에 걸쳐 건설되는 동안 140개 이상의 다양한 주택 모델이 제공되었다. 주택 입주자는 단독 주택 또는 연립형, 콘도미니엄 중에서 선택할 수 있으며, 단독 주택의 크기는 74.32㎡에서 427.35㎡

---

5 https://suncitywest.com/

까지이고, 부속 주택은 약 70.61~174.66㎡ 범위의 다양한 목장 빌라와 아파트 스타일의 주택이 포함된다.

초기에 지어진 일부 주택은 노후화 경향이 있으나 현대적인 평면도 레이아웃과 좋은 마감재로 리모델링되고 있어, 입주자로서는 주택의 경제성에 매력을 느끼게 된다. 리모델링된 주거단지는 신축보다 저렴한 가격과 위치를 선호하는 입주자에게 이상적인 커뮤니티라고 할 수 있다.

■ 입주자격 및 비용

입주자격은 55세 이상의 노인이고, 입주자의 자녀는 최대 90일 동안 체류 가능하다.
주택 종류는 단독주택, 연립형, 콘도미니엄 등이 있으며, 입주는 분양방식으로 은행으로부터 장기 융자도 가능하다. 주택가격은 최저 13만 달러(약 1억 7천만 원)에서 최고 100만 달러(약 13억 6천만 원)이며, 생활비는 2인 기준 관리비 포함 월평균 150~200만 원 수준이다.

■ 개발 컨셉

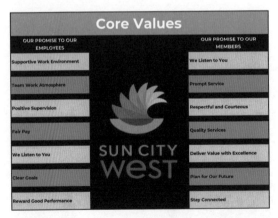

주거 단지의 기능은 기본적으로 주거공간, 의료, 식사, 오락, 운동, 커뮤니티시설로 구성되며, 거주자 대부분이 골프를 즐기며, 목공예 등 취미활동을 하며 제2의 인생을 즐긴다.

돌봄이 필요한 시니어, 노인 생활 보조 주거 등 전적인 돌봄이 필요한 요양원도 같은 단지 안에 있으며, 건강이 나빠지는 등 이사가 필요하면 단지 내에서 거주 형태를 바꿀 수 있다.

■ Sun City West 편의 · 부대시설

55개 이상의 커뮤니티에는 4개의 레크리에이션 센터, 9개의 골프 코스(거주자 공동 소유의 골프장 7개, 사설 골프장 1개, 퍼블릭 골프장 1개) 및 9개의 레스토랑이 포함된 편의시설이 갖춰져 있다. 골프장의 연회비는 250만 달러 수준이다.

레크리에이션 센터에는 실내 및 실외 수영장, 최첨단 피트니스 센터, 실내 및 실외 산책로, 무도회장, 댄스 스튜디오, 취미 및 공예실, 컴퓨터실, 스타더스트 극장, 콘서트 홀 및 도서관이 포함되어 있다.

입주자를 위한 쇼핑 편의를 위해서는 단지 내에 슈퍼마켓, 미용실, 약국 등 종합쇼핑상가가 형성되어 있다.

또한, Del E. Webbs Memorial 종합병원이 중심부에 있어서 단지 내 입주자에게 필요한 각종 의료서비스를 제공하고 있으며, 그 외에도 노인요양시설과 치매센터 등 관련 의료, 케어 시설 10여 개소도 같이 운영하고 있다.

미국 내에서 범죄가 가장 적은 지역 가운데 하나로 손꼽히는데, 안전·안심하고 생활할 수 있도록 경찰서(1개소)와 소방서(2개소)가 주거 단지 내에 있다.

■ Sun City 시사점

자활 능력이 있는 부가적 복지 욕구는 공급업체인 민간기업 또는 영리 단체가 그 영역을 분담하는 것이 관례이다. Sun City 등 은퇴 도시는 철저하게 민간 주도로 조성되고, 정부 등의 간섭이 없다.

또한, 거주자들이 자치회를 만들어 커뮤니티를 운영하고, 정부가 따로 존재하지 않으며, 입주자들이 모두 자치회에 참가해 시설 운영 방안, 도시 정책 등에 영향력을 행사한다.

일본의 CCRC

■ 개요

CCRC(Continuing Care Retirement Communities)[6]는 미국에서 시작된 은퇴자 커뮤니티로 건강할 때부터 케어나 간병이 필요해지는 때까지 거주지를 옮기지 않고 같은 장소에서 안심하고 살아갈 수 있는 모델이다. 그러나 미국과 일본은 국민성도 의료제도도 다르다. 미국의 모델을 그대로 일본에 적용하는 것에 문제의식을 느끼고, CCRC의 기본 이념인 신체적 안심, 경제적 안심, 심리적 안심의 3가지 안심을 반영하여 일본 사회의 특성에 맞는 모델로서의 일본판 CCRC를 만들게 되었다.

미국의 CCRC와의 차이점은 일본의 경우 노인만 입주해서 사는 것이 아니라 다세대가 함께 거주하며, 신축이 아닌 기존의 건물을 활용한다. 또한, 마을 전체로 하여 지역 안에서 열린 커뮤니티를 형성한다.

■ 일본판 CCRC의 본질에 대한 논점 10가지

- 소중한 몸·돈·마음의 안심
- 미국과의 차이는 '脫(탈)'이 아닌 '守(수)'
- 탈·노후의 비참한 주택 주사위 게임
- 일본판 CCRC의 구성요소와 기능
- 일본판 CCRC의 입지 특성과 주거 전환 모델
- 개호로 돈을 버는 것이 아니라 케어하지 않음으로 돈을 벌 수 있다는 발상의 전환
- 시니어는 사회의 비용이 아닌 사회를 이끌어 가는 주체로 발상의 전환
- 연하장에 쓰고 싶어지는 주거 전환
- 두터운 동료층을 위한 시장
- 일본판 CCRC에 대한 시니어의 5가지 니즈

---

6 松田智生(2017). 法研. 日本版CCRCがわかる本－ピンチをチャンスに変える生涯活躍のまち－에서 전반적인 내용 참고.

■ 일본판 CCRC의 구성요소와 기능

하드웨어(시설, 설비)와 소프트웨어(운영, 프로그램, 라이프스타일), 이를 움직이는 구조(제도 설계, 금융)의 3가지 요소가 삼위일체로 구성되는 것이 중요하다.

기능은 큰 틀에서 세 가지로 나누어지는데, 기본 기능으로 커뮤니티 기능, 건강·의료·개호 기능, 거주 기능이 있으며, 부가 기능으로 사회참여 기능과 다세대 공창(共創) 기능이 있다. 세 번째 기능은 이 두 가지 기능을 아우르는 전체 매니지먼트 기능이다. 이는 기본 기능과 부가 기능이 적절하게 제공될 수 있도록 사업의 주체와 주민, 지자체, 지역사회가 연계하여 일본판 CCRC를 통합적으로 추진하는 '전체 매니지먼트 기능'을 의미한다.

CCRC는 계속적인 케어를 제공하여 개호 이전 리스크를 없앨 수 있다. 다음의 그림과 같이 미국과 일본 모두 건강한 자립상태에서 종말기케어까지 대응 가능한 주택과 시설을 통해 개호 이전 리스크를 없앨 수 있다.

■ 미국 CCRC와 일본판 CCRC의 차별성

구분	미국 CCRC	일본판 CCRC
지역 접점	마을 안의 일정 영역	마을 전체 지역에 열린 커뮤니티
거주자	시니어(고령자)	다세대
건물	신규 건축	가능한 한 기존의 자원 활용

미국	IL : Independent living	AL : Assisted living	NH : Nursing home	MS : Memory support
	CCRC: Continuing Care Retirement Community 같은 부지에서 건강할 때부터 임종기까지 계속 케어 제공 = 개호 이전 리스크 불식			
일본	일반주택 단독 · 집합	서비스형 고령자 주택	유료노인주택	그룹홈 / 노인보건시설	특별양호노인주택
연령	60 ~ 70대 부부		70대 독거 고령자	80세 이상	

■ 일본판 CCRC의 다양한 모델-6가지 분야(30가지 모델)

여가장소 활용 모델	테마파크 연계형, 쇼핑센터, 아울렛 연계형
스포츠 활용 모델	다양한 스포츠와 연계하는 유형으로 프로야구 연계형, J리그 연계형, 골프장 연계형, 피트니스 클럽 연계형
예술, 문화 활용 모델	미술관, 박물관 연계형, 축제 연계형, 여관, 호텔 연계형
마을의 매력 · 특색 활용 모델	각 지역의 특색을 살려 온천 · 상점 · 맛집 거리 연계형, 기업기반 지역 연계형, 병원 연계형, 뉴타운 · 별장 · 섬 연계형
다세대 활용 모델	대학연계형은 물론 그 외에도 싱글맘 연계형, 청년기업가, 청년 아티스트 연계형, 보육원 연계형
라이프스타일 활용 모델	1인 세대를 위한 형태, 졸혼 부부를 위한 형태, 해피 별거형, 취미 연계형

일본 CCRC 사례_ CoCoRun City Maebashi

마에바시(前橋)적십자병원 이전 후의 철거지(2018년 6월 이전, 3.8ha)에서 진행하고 있는 '생애활약마을(CCRC)' 사업에 대해서, 마에바시시와 다이와하우스공업주식회사 (大和ハウス工業株式会社) 군마(群馬) 지사는 2017년 12월에 사업계약을 체결했다. 대표사업자는 다이와하우스공업주식회사 군마지사이며, '전 세대 활약, 모두가 주역인 마을만들기'를 컨셉으로 하여 마을만들기를 실시한다.

기능	구분	시설 내용	사업자
주거	주택	다세대형 임대주택(30세대)	다이와하우스 그룹
		분양 단독주택(18채)	
의료 복지	의료	야간응급 진료소(예정)	마에바시(前橋)시
	개호	개호형 유료노인복지주택(80세대)	케어 서프라이시스템(주)
	아동 양육지원	인정 어린이집	사회복지법인 아오이회
	장애인 지원	복지작업소(예정)	마에바시(前橋)시
삶의 보람 창출	편의성 향상 (취업, 교류, 건강)	슈퍼마켓	다이와하우스 그룹
		약국	
	건강증진	피트니스	
	커뮤니티	지역 커뮤니티 공간(복지작업소 병설 예정)	마에바시(前橋)시
		공원	
운영 추진		민간시설 등	시설 운영자 간 협의회 조직
그 외	에너지	에너지 매니지먼트(예정) (에너지 자급·재해 시 대응)	다이와하우스 그룹

이 구상은 도쿄권의 이주자와 지역주민이 함께 전 생애에 걸쳐 활약할 수 있는 새로운 지역 만들기를 목표로 하는 것으로, 의료·개호 지원을 중심으로 하는 현행의

지역포괄케어시스템을 축으로, 지역의 특성에 따른 새로운 삶의 활력 만들기(취업, 자원봉사, 평생학습, 다세대 교류 등)의 충실을 도모함과 동시에, 이주 촉진이라는 새로운 부가가치를 더한 차세대형 지역포괄케어시스템을 시 전역에 구축함으로써 안심, 건강, 쾌적한 생활환경을 만들고 의료 및 개호의 억제를 도모하는 것이 목적이다.

이 지역의 이름을 'CoCoRun City Maebashi'[7]라고 했는데, 이는 CCRC의 머리글자를 따서 만든 것으로, CoCo(마음=일본어로 코코로) Run(춤추는 즐거움) City(거리)의 의미이다. 또한, 지역의 이름을 코코런 시티 마에바시로 결정함과 동시에 시설 운영자를 중심으로 '코코런 서클(Circle: 단체) 마에바시'가 만들어졌다. '코코런 서클 마에바시'에서는 건강, 복지, 주거, 삶의 보람 만들기를 통해 통한 커뮤니티 양성을 컨셉으로 나이나 성별과 관계없이, 모두가 부담 없이 참가해 교류할 수 있는 다양한 시설을 운영해나갈 예정이다.

CoCoRun City Maebashi 이미지

---

7 군마(群馬)현 마에바시(前橋)시 홈페이지
(https://www.city.maebashi.gunma.jp/soshiki/toshikeikakubu/shigaichiseibi/gyomu/4/22420.html)

일본 CCRC 사례_ 유이마루 나스(ゆいま～る那須) ───────

■ 유이마루 나스(ゆいま～る 那須)

유이마루 나스에서 생활하는 전제 조건에는 지역 포괄 케어 체제 구축과 상호 부조의 정신이 필요하다. 건강할 때부터 이주해서, 일도 하면서 생활을 즐기고 싶은 수도권 및 도시지역의 60세 이상 입주 희망자를 대상으로 하고, 초기 비용은 1인의 경우 초기 입주비 약 20만 엔, 월 15만 엔 정도로 생활하게 된다. 즉, 후생연금으로 생활을 영위할 수 있는 수준이다. 입주 시 자립상태여야 하고, 치매는 입주 불가하며, 반려동물은 기준에 맞는 범위에서 동반 입주가 가능하다.

소재지	토치기현 나스쵸(栃木県那須町豊原乙627－115)
시설 유형	서비스형고령자주택
개설일	2011년 12월 15일
부지면적	9,978.05㎡
연면적	3,528.26㎡
입주 정원	70명
세대수	70세대
전용면적	33.12㎡〜66.25㎡
거주 권리 형태	건물 임대차 방식, 종신 건물 임대차 방식
토지 및 건물 권리 형태	소유
세대 내 설비	주방, 응급 콜, BS 안테나, 플랫 플로어, 화장용 세면대, 지상파 안테나, 욕실(샤워기), 온수 세정 기능 및 휠체어 대응 화장실, 조명기구, 현관 인터폰, 방재설비, 전기온수기, 전자 조리기
공용 설비	프런트, 엘리베이터, 응급 콜, 서클 클럽 룸, 중정, 개인용 욕실, 각 실 인터폰 설비(응급 콜과는 별도), 도서실, 다목적실, 방송 설비, 세면실, 방재설비, 집회실, 음악실, 풍제실, 식당, 마작대
운영사	주식회사 커뮤니티네트 (東京都新宿区西新宿7－22－9　西新宿ワイビル4階 소재)

운영사인 ㈜커뮤니티 네트워크[8]가 중심이 되어 커뮤니티 내 사업을 구상하고 실

---

[8] https://e－nursingcare.com/facility/098612db－a2a9－46ec－be2a－7e2d662ceb52?utm_source＝criteo&utm_medium＝rm_dyn

행하면서 입주민들이 활약할 수 있는 장을 만들어 수익도 창출할 수 있도록 하고 있다. 식당 운영, 차량 운전, 수공예 제품 생산, 판매 등 사업의 주체와 입주자와 지역 주민이 상호 협동하는 구조로 생애 활약 마을을 형성하여 사업을 운영한다.

■ 입주자 구성

2022년 11월 기준 평균 나이는 73.49세, 남성 19명, 여성 60명이며, 개호도 분포는 자립 73명, 요지원 2명, 요개호 4명으로 구성되어 있다.

■ 협력 의료기관

의료기관명	의료법인 유로클리닉(ニューロクリニック)
진료과목	뇌신경외과, 신경외과, 내과, 정형외과
협력내용	재택 요양 관리 지도, 긴급 시 대응, 건강 상담

■ 비용

방식	입주 시 비용	월 이용료	
매월 납부	134,600엔 ~ 284,800엔	1인: 108,590엔~204,700엔	
		2인: 129,600엔~204,700엔	
월세 일괄 사전 납부*	10,794,600엔	41,290엔~62,300엔	

* 33.12m²세대의 경우이며, 방 타입에 따라 금액은 달라짐. 입주 보증금에 시키킹(월세의 2개월분) 134,600엔(비과세)이 포함된 금액임.

‒ 매월 납부 방식의 상세 내역

입주보증금	134,600엔~284,800엔	월세의 2개월분
월 이용료	108,590엔~204,700엔	
‒ 월세	67,300엔~142,400엔	비과세
‒ 관리비	41,290엔~62,300엔	세 포함
‒ 식비	식비는 따로 내지 않으며, 식사 시 계산함 기본적으로 조식은 미제공 점심 540엔 ※경감세율 적용 저녁 770엔 ※소비세 10% 대응제 점심＋저녁, 30일 이용한 경우, 39,300엔 *세대 내 폭 1800의 IH 주방이 있어서 식당을 이용하지 않고 직접 요리 가능	

■ 유이마루 나스 외관 및 내부 모습

UBRC

UBRC(University Based Retirement Community)는 대학연계형 CCRC로서 미국의
조지메이슨대학에서 처음 시작되었고, 기존 CCRC에 대학을 참여시켜 평생교육의
개념을 강화한 형태라고 할 수 있다.

CCRC에서 제공하고 있는 서비스와 특징을 구분해 보면 여가, 교육, 의료서비스
중심형으로 나뉠 수 있다. 그중에서도 교육 중심형 CCRC를 대학기반 연속보호체계
형 노인주택단지(UBRC)라고 칭하여, 기존의 은퇴주거단지 및 노인복지주택에서 그
지역사회 안에 있는 대학과 연계하여 대학교의 교육 프로그램 중 일부인 평생교육프
로그램에 노인들이 참여하도록 한다.

UBRC는 시니어가 대학이 운영하는 노인주택에 거주하면서 강의를 듣거나 강사로
직접 활약하는 등 지적 욕구를 충족할 기회를 부여하는 노인주택단지다. 또한, 대학
과 연계하여 다양한 프로그램을 제공함으로써, 청년세대와 노년세대 등 다세대 교류
의 장이 될 수 있다.

UBRC 운영 · 설계 5가지 기준

- 1.6km 내 주요 시설을 이용할 수 있는 접근성
- 양자 간 프로그램 운영 동의(대학 프로그램 · 자원봉사 참여 보장)
- 활기찬 노인부터 치매환자까지 포괄하는 다양한 프로그램 제공
- 커뮤니티 안에서 재정적인 문제를 공유할 것
- 입주자의 10%는 대학 관계자일 것(학교 임직원 · 가족 · 동문)

자료: 앤드류 칼(Andrew Carle) 조지메이슨대학 교수

조지메이슨대학의 앤드류 칼(Andrew Carle) 교수는 가까운 입지, 프로그램 운영에
관한 양측의 공식적 동의, 액티브 시니어는 물론 치매노인까지 포괄하는 다양한 프
로그램 제공, 커뮤니티 내에서 재정문제 공유, 거주자의 최소 10%는 대학 관련자로
구성할 것의 다섯 가지 기준을 UBRC의 운영기준으로 제시하고 있다.

실제 운영사례들에서 대학 관련 입주자 비율은 약 50% 정도로 나타나고 있다.[9]

대학연계형 CCRC는 미국과 일본 등에서도 저출산 문제 등의 영향으로 학령인구가 감소하였고, 이로 인해 대학교의 학생 수가 감소하면서 새로운 비즈니스 모델로서 UBRC의 가능성을 모색했다. 최근 일본에서도 대학과 민간기업이 공동으로 대학연계형 CCRC를 설립, 운영하는 사례가 늘고 있다.

기존의 노인복지시설은 노인이 케어의 대상이었으나, CCRC에서는 액티브한 시니어들이 평생학습, 일, 운동, 사회참여 등을 통해 능동적으로 생활을 영위해 나간다는 점, 지역사회 내에서 다양한 세대와 교류를 한다는 점에서 큰 차이가 있다.

UBRC가 안정적으로 정착이 된다면, 액티브 시니어 세대는 평생교육을 포함하여 능동적이고 적극적인 삶의 욕구를 만족할 수 있고, 대학의 입장에서는 사회인 교육을 통해 새로운 재원확보라는 시너지 효과를 기대할 수 있다.

한국도 최근 지방대학의 운영이 현실적인 어려움에 당면해 있는 만큼 이러한 외국의 사례를 한국의 사정에 맞게 참고하면, 위기의 지방대학을 살릴 수 있는 하나의 방법으로 활용될 수 있을 것이다.

이미 저출산·고령화위원회와 한국토지주택공사 등 정부와 공기업을 중심으로 한국형 CCRC모델 도입을 검토하며, 구체적으로 동탄2신도시의 6만여 평 노인복지시설 용지에 기획된 CCRC모델과 향후 조성 예정인 3기 신도시에서도 기초적인 검토가 진행되고 있는 것으로 보도된 바 있다. UBRC를 포함하여 CCRC가 신노년층을 위한 커뮤니티케어 구축의 새로운 대안으로 자리매김할 수 있기를 기대한다.

우리나라도 이제 요양원·실버타운 등 전통적인 노인주거 개념에서 벗어나 사회기반시설과 연계해 노인 문제를 해결하면서 시너지를 적극적으로 모색할 때다. 그런 관점에서 CCRC를 중심으로 하는 시니어 비즈니스는 새로운 기회가 될 수 있다. 우리나라는 1958년 개띠로 상징되는 베이비부머의 노인세대 진입을 눈앞에 두고 있다. 이들은 대학진학률과 교육수준이 높고, 은퇴 후에도 교육 욕구도 높다는 특징을 고려할 때, 지역사회에서 평생교육을 연계하는 UBRC가 하나의 선택지가 될 수 있다. 단순히 대학 평생교육 프로그램을 수강하는 데 그치지 않고, 대학 병원 등의 인프라를 활용하면서 대학 캠퍼스에 시니어전용주택을 설치하고 시니어에게 도서관·식당을 이용할 수 있게 하며 시니어들의 경험과 지혜를 학생들에게 공유하는 기회를

---

9 김미희, 김석경. (2015). 대학연계형 은퇴주거단지의 계획 및 운영상의 특성분석 연구: 미국의 사례를 중심으로. 한국주거학회논문집, 26(4), 119-127.

제공할 수도 있다.

저출산과 학령인구 감소로 정원 미달 문제를 안고 있는 대학의 입장에서 UBRC는 좋은 사업모델이 될 수 있다. UBRC를 통해 사회인 교육의 지평을 열고, 시니어라는 평생교육의 새로운 수요층을 확보해 재정적 어려움을 해결하며, 캠퍼스 부지를 효율적으로 활용할 수 있어서다. 우리나라에서도 건국대가 서울시 광진구에 있는 더클래식500을 UBRC 유형으로 개발한 것을 시작으로 수원대 및 지방 사립대학들이 UBRC 도입을 검토하는 것으로 알려졌다. 미국·일본처럼 대학이 지역사회에 갖는 역할, 대학의 차별화된 경쟁력에 맞춰 접근하고 추진한다면 UBRC는 훌륭한 선택지로 자리매김할 것으로 기대된다.

미국 UBRC 사례_ 캘리포니아 대학의 URC ———

미국 UBRC의 형태는 다양하다. 대학이 보유한 토지나 대학 이름만 빌려주는 형태도 있고, 대학이 개발·건설·관리 등 모든 과정을 주도하는 형태도 있다. 일반적인 UBRC는 대학이 사업주체로서 은퇴자 커뮤니티를 직접 운영하거나, 은퇴자 커뮤니티가 대학의 교육 프로그램을 이용할 수 있게 해 은퇴자 커뮤니티와 대학 모두 시너지를 얻는 구조다.

미국의 경우 조지메이슨대학을 시작으로 하여, 스탠퍼드 대학, 노틀담대학, 듀크대학, 코넬대학, 플로리다대학, 라셀대학, 펜실베이아주립대학 등이 대표적인 사례라고 할 수 있다. 이러한 UBRC의 사례는 점차 증가하여 2027년에는 400여 개의 대학이 참여하게 될 것으로 전망하고 있다.[10]

■ 유니버시티 은퇴 마을(URC: University Retirement Community)

유니버시티 은퇴 마을은 2000년에 캘리포니아주 데이비드시에 설립된 것으로 대학에서 토지를 제공하여 주거단지를 개발하고, 운영 및 관리는 전문회사가 담당하는 형태의 UBRC이다.

이곳은 켈리포니아대 데이비스 캠퍼스와 10분 거리에 주거단지가 위치하고 있으며, 입주자 중 50% 정도가 대학에서 은퇴한 교수나 직원들로 구성되어 있다.[11] UBRC 사례답게 입주자들이 대학 내에서 수업을 들을 수 있는 프로그램이 마련되어 있으며, 강사로도 활약할 기회를 제공하고 있다. 또한, 대학생들이 단지 내에서 자원봉사를 할 수 있도록 하여 학교와 단지에서 세대 간 교류가 자연스럽게 이루어지고 있다.

주거 형태는 자립형(Independent living), 지원형(Assisted living), 치매 예방 및 치료가 가능한 너싱홈(Nursing home)이 포함되어 있다. 또한, 지역사회 공헌의 목적으로 저소득층을 위한 원룸형 60가구를 단지 내 포함했다.

---

10 우경진, 전영미. (2020). 평생교육기관으로서의 대학연계 은퇴자 커뮤니티에 대한 수요자 인식 조사. 열린교육연구, 28(2), 91-113.
11 건국대학교 부동산학과 유선종교수 기고문 중. https://blog.naver.com/lhseereal/222008501737

미국 UBRC 사례_ 플로리다 대학의 Oak Hammock ─────

■ 플로리다 대학의 UBRC 오크해먹(Oak Hammock)[12]

　플로리다주 게인스빌에 위치한 오크해먹(Oak Hammock)은 미국 남부의 대표적인 UBRC다. 이는 대학엔 저출산과 학생 수 감소로 줄어드는 수입을 UBRC의 운영을 통해 충당하고, 시니어에겐 풍부한 경험·노하우·인적네트워크를 활용하는 활동의 장으로 하는 비즈니스모델로 2004년부터 운영하고 있다. 플로리다 대학 총장을 역임한 존 롬바디(John Lombardi)가 플로리다 대학과 CCRC를 검토했고, 높은 수준의 평생학습과 건강을 강조하면서, 평생교육기관(Institute for Learning in Retirement: ILR)으로 자리매김했다. 이곳에선 플로리다 대학의 전·현직 교수가 직접 강의한다.

　오크해먹의 거주 시설은 자립 주거(IL)·생활보조 주거(AL)·너싱홈(NH)으로 구성돼 있는데, 아파트와 단독주택으로 구성된 자립 주거는 259세대, 생활보조 주거는 70세대, 너싱홈은 42세대이다. 입주자는 대략 420명이며, 입주자 평균 연령은 84세다. 자립 주거에서 살다가 생활보조 주거나 너싱홈으로 이주하는 비율은 연간 10~15% 정도며, 생활보조 주거 거주자는 대부분 자립 주거에서 이주한 거주자다.

---

12 http://www.oakhammock.org/

거주 시설은 자립 주거·생활보조 주거(메모리케어 포함)·너싱홈으로 구성돼 Aging in Place 개념이 잘 적용돼 있으며 거주자는 연속적으로 관리를 받을 수 있다.

사회·여가 프로그램 중 내부 프로그램은 동호회 모임 등으로 운영한다. 또한 시설 거주자는 대학의 문화행사·평생교육에 참여하거나 대학생의 멘토 역할을 하고, 학생들은 인턴과정으로 학점을 이수하거나 시설에서 자원봉사와 아르바이트를 함으로써 거주자와 학생 간 세대 교류도 이루어지고 있다. 외부 프로그램은 플로리다 대학과 연계해 학교 극장에서 이루어지는 발레·오페라 등에 참여하는 프로그램과 평생교육 프로그램을 운영한다. 이와 함께 미술대학에서는 시설을 방문해 전시회를 열고, 인문과학대학에선 교양교육을 운영하고 있다.

지역사회와 연계된 대학 평생교육은 외부에서 전문가를 초대하거나 지역사회 대학 내 박물관·음악회·발레 등의 프로그램에 참여해 대학과의 연계가 잘 이루어지고 있다. 거주자와 학생 간 교류 프로그램을 보면, 자립주거 거주자는 플로리다대학의 강연자나 대학생의 멘토·조언자로 교류하고, 학생들은 노년학과·간호학과 등에서 인턴십을 수행하며 학점을 이수한다. 특히 피트니스 센터는 스포츠매니지먼트학·건강교육학·응용생리학전공으로 구성된 단과대가 직접 운영하며, 학생들은 도서관에서 자원봉사를 하거나 시설 식당에서 음식 서빙을 하며 거주자와 교류한다.

의료건강 서비스의 경우, 자립주거에서는 시설 안에 의료클리닉을 설치 및 운영하고, 플로리다 대학의 의과대·치과대·수의과대 등과 연계해 질 높은 의료 서비스를 제공한다. 생활보조 주거와 너싱홈의 경우 전문 간호사를 배정해 24시간 간호하고, 재활서비스·알츠하이머·메모리케어를 위한 별도 프로그램도 운영한다.

일본 UBRC 사례_ 치바대학 & 리소루그룹

■ 치바대학 & 리소루그룹

치바현의 체험형 리조트 시설 '리소루의 숲(리소루노 모리)' 안에 UBRC 사업을 운영하는 사례이다. 리소루그룹의 리소루종합연구소(주)는 치바현에 총 면적 약 100만 평에 달하는 체험형 리조트 시설 'Sport & Do Resort 리소루노 모리'**13**(千葉縣長生郡長柄町上野521 − 4) 단지 내 국립대학법인 치바대학과 연계한, 대학연계형 CCRC사업 '웰니스 리타이어 어세스멘트 커뮤니티' 구상을 가동한다.

이것은 국가가 추진하는 고령자를 중심으로 한 마을만들기, '생애 활약 마을(일본판 CCRC)' 구상에 치바대학이 가진 생애 학습 등 지적 만족도 향상과 예방의학, 건강, 환경에 비례한 마을만들기 등의 '지적재산과 기능', '지역사회와의 협동' 및 리소루의 숲이 가진 '녹지가 풍성한 자연환경과 본격적인 스포츠·레크레이션 시설'을 겸비한 대학연계형 CCRC 프로젝트이다.

계획에서는 리소루노 모리 중심부에 위치한 약 2,000평의 넓이에 뉴노멀 시대를 대비한 단독주택 뷰러 타이프 분양주택을 개설하고, 거주자에게는 레저, 건강, 생활, 시큐리티, 의료, 개호 등 다양한 서비스가 제공된다.

---

13 月刊 SENIOR BUSINESS MARKET 2020년 12월호 7쪽.
　　리소루 노 모리 홈페이지(https://www.resol−no−mori.com/)

■ 시설 이용 서비스

① 시설 이용 서비스

리소루노 모리에 있는 스포츠시설 '메디컬 트레이닝 센터'[14]와 45홀 골프장, 리조트 시설 숙박객용 천연온천, 각종 레스토랑 등을 우대 가격으로 이용 가능하다.

② 웰니스 라이프 서비스(건강수명연장 서비스, 생활서포트 서비스)

건강수명연장 서비스는 3년간 실증 실험으로 심신의 건강증진 효과가 검증된, 치바대학 예방의학센터 콘도 가츠노리교수 감수에 의한 웰니스 프로그램과 스포츠 전문 강사에 의한 프라이빗 레슨 제공, 치바대학의 현역 학생과 함께 배우는 컬리지 링크 참가가 가능하다.

2F LOBBY

FITNESS ROOM

DANCE ROOM

INDOOR 200M TRACK

생활서포트 서비스는 일상에서 곤란한 점이나 서포트 컨시어지 서비스, 서클활동 등의 커뮤니티 서포트, 근접 역까지 송영 서포트 서비스, 전기자동차 등 렌탈 서비스, 그 외에도 프론트 서비스 등 충실한 생활 서포트 서비스를 제공한다.

③ 안심, 안전 서포트(시큐리티 서포트, 의료와 개호 서포트 서비스)

24시간 365일 안심 서비스로 세대 내 긴급 버튼을 설치하고, 긴급 시에는 24시간 체제로 직원이 같이 있으며 구급차의 준비 등도 한다. 시큐리티 서포트는 외부인이 출입하지 못하도록 폐쇄형 커뮤니티로 운영한다.

의료와 개호 서포트 서비스는 시설 내 진료소와 방문개호사업소를 두어, 의료 및 개호 서포트를 누릴 수 있다. 만약의 경우에는 인근에 있는 치바대학의학부속병원이

---

14 메디컬 트레이닝 센터(MTC)는 약 60,000㎡의 부지에 위치한 종합 스포츠 시설로서, 국내 최대급의 회원제 스포츠 클럽임. 회원 요금은 풀타임 16,500엔/월, 주중 13,200엔/월

나 카메다종합병원 등과 연계하여 대응한다.

■ 릿쿄(立敎) 세컨드세테이지 대학

릿쿄 세컨드세테이지 대학은 2008년에 설립된 이래 시니어를 대상으로 재학습, 재도전을 지원하고 있다. 대학교육을 충분히 받을 수 없었던 베이비부머 세대가 이러한 공부의 장을 통해 삶의 가치가 향상되고, 액티브한 삶의 밑거름이 되는 역할을 하고 있다.

칸사이대학에서 운영하고 있는 컬리지링크형 시니어주택은 합리적 대학경영과 사회의 고령화 현상을 적절히 접목한 형태로서 주거시설, 운영회사, 대학교, 학생과 교수, 지역사회 모두에게 긍정적인 영향을 행사하고 있다.

일본 UBRC 사례_ 오사카대학 PFI 사업

■ 그랜드힐 유니바 나카긴 센리츠크모다이 개요

오사카대학의 학생 기숙사, 교직원 기숙사가 있던 장소를 재건축하는 PFI 사업에 의해 다양성이 풍부한 마을로 탄생한 대학 연계형 서비스형고령자주택 그랜드힐·유니바 나카긴 센리츠크모다이(グランヒル·ユニバ中銀 千里つくも台)[15]는 민관합동개발사업의 형태를 갖고 있다.

나카긴 인티그레이션(주)는 2021년 1월 8일 오사카부 후키타시에 학생, 가족, 고령자, 유학생까지 약 1,200명이 생활하는 서비스형고령자주택 '그랜드힐·유니바 나카긴 센리츠크모다이'를 개설했다.

원래 오사카대학의 학생 기숙사, 교직원 기숙사가 있던 장소에 재건축을 통해, PFI 방식으로 민간사업자를 유치하였고, 개발자로서 파나소닉 홈즈(주)가 선정(사업주체는 특별목적회사의 PFI 오사카 글로벌 빌리지 츠쿠모다이)되어, 다양한 주거와 기능이 정비되었다.

이는 서비스형고령자주택 외에 파나소닉 홈즈의 임대 아파트 파크 나드 피트 츠크모다이 99세대, UDS(주)의 쉐어하우스 '라이츠 아파트' 85세대의 주거와 더불어 뇌, 신경외과, 정형외과, 류마티스과, 비뇨기과 등의 각종 클리닉, 조제약국, 방문간

---

15 홈페이지(https://integration.nakagin.co.jp/ghu−senri/expenses)

호 스테이션 등으로 구성되는 츠쿠모 게이트(의료문화 존), 츠쿠모 스퀘어(복리후생 존)에서는 랩(Lab)스타일의 피트니스 클럽, 영양 상담에도 대응 가능한 델리 & 카페 외에 편의점, 동물병원, 학원 등으로 구성하였고, 학생 기숙사와 교직원 기숙사도 포함하여 약 1,200명이 생활하는 마을을 형성하였다.

■ 서비스형고령자주택 개요

시설명	그랜드힐·유니바 나카긴 센리츠크모다이(グランヒル·ユニバ中銀 千里つくも台)		
소재지	오사카부 후키타시 츠쿠모다이 5-11-1-3		
교통	한큐센리선 야마다역 도보 약 4분, 오사카 모노레일 야마다역에서 도보 6분		
개설	2021년 1월 8일		
건물 보유	파나소닉 홈즈(주)		
운영주체	나카긴 인티그레이션(주)		
구조 / 규모	철근 콘크리트 구조, 지상 10층 건물의 1~6층의 일부		
바닥면적	2,602.29㎡		
세대 수	55세대	세대 면적(타입)	24.79~41.36㎡(1R, 1LDK)
주거공간 설비	욕실, 욕실 건조기, 키친, 비데 화장실, 독립 세면 화장대, 붙박이 옷장, free Wi-Fi 등		
공용 시설	1층: 지역교류 레스토랑, 스튜디오, 노래방, 응접실 2층~6층: 라운지(담화실, 오락실, 정요실 등), 트렁크 룸 등		

응접실(라운지)(2층)　　　　노래방(1층)
취미 룸(3층)　　　　릴렉스 룸(4층)
게임 룸(5층)　　　　서재(6층)

그랜드힐 유니바 나카긴 센리 츠쿠모다이는 지상 10층 건물 1~6층의 일부를 사용하여 개설된 자립형 서비스형고령자주택이다. 세대 면적은 전 세대 24㎡ 이상으로 미니 주방과 욕실을 완비하고 있다. 주거 전용 면적은 30㎡가 절반 이상으로 구성되어 있고, 24㎡대가 가장 인기가 많다.

공용 부분은 노래방과 라디오 체조 등에 이용되는 스튜디오, 2~6층 각 플로어에 바둑이나 장기, 보드게임을 할 수 있는 오락실, 마사지 체어가 준비되어 있는 것 외에도 방문 마사지(유료)도 이용 가능한 공간(4층), 영화감상이나 TV 게임을 할 수 있는 공간(3층) 등, 다양한 용도의 라운지를 만들었다.

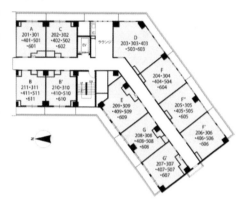

식사는 빌리지 내에서 조제약국이나 방문간호 스테이션을 운영하는 메디칼 그룹이 지역 개방형 레스토랑 하레토케를 1층에 출점했다. 입주자 전용 메뉴에서 선택도 가능하다. 또한, 다채로운 라운지와 지역에도 개방하는 커뮤니티 식당이 있다.

평균 연령은 84.6세로, 입주자는 요지원~요개호 1, 2 인정자도 있다.

교류 측면에서는 오사카대학과의 협정을 체결, 정기적으로 오사카대학 학생과의 워크숍을 개최하는 등 대학연계형 서비스형고령자주택으로서의 연대를 강화하고 있다.

■ 비용

보증금	327,000~579,000엔(월세의 3개월분 상당)
월세	109,000~193,000엔
생활 지원 서비스비	1인: 38,500엔, 2인: 57,750엔
공익비(1세대당)	14,000~16,000엔
합계	161,500~266,750엔＋식비·일용품비 등

한국의 노인복지시설

주거 및 의료복지시설 구분

노인복지시설은 주거시설, 의료시설, 재가시설, 보호전문기관 등으로 구분한다. 시니어타운 혹은 실버타운으로 통칭되고 있는 것은, 노인복지주택과 유료양로시설을 말하며, 요양시설(너싱서비스)을 부속 운영하는 형태도 있다.

노인복지시설은 건축법상 '노유자시설'로 구분되고, 이 중 노인복지주택은 주택법상 '준주택'으로 분류된다. 입주자격은 양로시설과 노인복지주택 모두 60세 이상이며, 2015년부터 노인복지주택도 분양형이 폐지되어 임대 형태로만 입소하게 된다.

다음의 표에서 설명한 대로 주거복지시설에는 노인복지주택, 양로시설(유료/무료), 노인공동생활가정의 3가지 종류가 있으나, 이 책에서는 주로 노인복지주택에 대해 다루기로 한다. 단, 100세대 이상 규모의 유료양로시설 3개소는 노인복지주택에 포함하여 함께 검토한다. 노인의료복지시설에 대해서도 노인복지주택 내 병설하게 되는 형태의 노인요양시설(너싱홈) 및 노인요양서비스(너싱서비스)에 한해 다루도록 한다.

■ 노인복지시설 구분

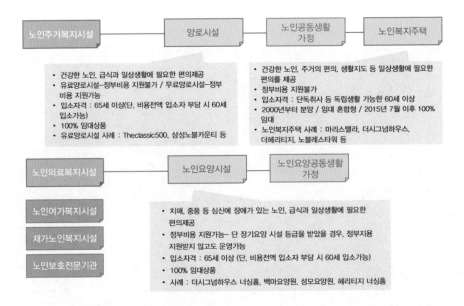

■ 노인주거복지시설 개요[1]

구분	설치목적	시설 규모	입주 대상	시설현황
노인 복지 주택	노인에게 주거시설을 임대하여 주거의 편의, 생활, 지도, 상담 및 안전관리 등 일상생활에 필요한 편의를 제공함을 목적으로 하는 시설	30세대 이상	단독 취사 등 독립된 주거생활을 하는 데 지장이 없는 60세 이상의 자	전국 38개소 시니어스타워, 더 시그넘 하우스, 노블레스타워 등
양로 시설	노인을 입소시켜 급식과 그 밖에 일상생활에 필요한 편의를 제공함을 목적으로 하는 시설	입소 정원 10명 이상 (입소정원 1명당 연면적 15.9㎡ 이상 공간 확보)	*무료양로시설 입소대상자 *실비양로시설 입소대상자 *유료양로시설 입소대상자	전국 192개소 (유료양로시설은 3개소) 더 클래식 500, 미리내실버타운, 일봉실버랜드 등
노인 공동 생활 가정	노인들에게 가정과 같은 주거 여건과 급식, 그 밖에 일상생활에 필요한 편의 제공을 목적으로 하는 시설	입소 정원 5명 이상 9명 이하 (입소 정원 1명당 연면적 15.9㎡이상 공간 확보)		전국 107개소

■ 노인복지주택과 (유료)양로시설 비교

노인복지주택과 양로시설의 가장 큰 차이는 단독취사의 가능 여부와 직원 배치에서의 차이이다. 노인복지주택은 독립된 주거생활을 위해 주거공간을 임대하고, 필요한 서비스를 제공하게 되며, 양로시설은 급식을 포함하여 일상생활에 편의를 제공함을 목적으로 한다. 그러나 노인복지법상 일상생활 가능자와 단독취사 가능자에 대한 구분이 정확하지 않고, 주택과 시설에 대한 설비 조항 등도 명확하지 않아 제도상 주택과 시설이라는 용어의 차이만 있다.

노인복지주택과 유료양로시설의 구체적인 차이를 비교하면 다음의 표와 같다(노인

---

1 e-나라지표. 보건복지부 고시 노인복지시설 현황. (접속일: 2022.06.29)

복지법 규정).

구 분	노인복지주택	(유료)양로시설
입주 대상	단독취사 등 독립된 주거생활을 하는 데 지장이 없는 60세 이상의 자 (60세 미만 배우자 또는 입소자격자가 부양을 책임지고 있는 19세 미만의 자녀·손자녀 포함)	일상생활에 지장이 없는 60세 이상의 자(60세 미만 배우자 포함)
보증금 보장	보증금 수납일로부터 10일 이내 보증보험 가입 (보증가입금액－입소보증금의 50% 이상)	보증금 수납일로부터 10일 이내 보증보험 가입 (보증가입금액－입소보증금의 50% 이상)
시설 기준	침실1, 사무실1(사무실·숙직실 포함), 요양보호사 및 자원봉사자실, 의료 및 간호사실1, 체력단련실 및 프로그램실1, 식당 및 조리실1, 식료품점 또는 매점1, 비상재해대비시설1, 경보장치1	침실, 사무실, 요양보호사 및 자원봉사자실, 의료 및 간호사실, 체력단련실 및 프로그램실, 식당 및 조리실, 비상재해대비시설, 화장실, 세면장 및 샤워실(목욕실), 세탁장 및 세탁물건조장
직원 배치 기준	시설장1, 사회복지사1, 관리인1	시설장1, 사무국장1, 사회복지사1, (촉탁), 의사1, 사무원1, 간호사 또는 간호조무사(입소자 50명당 1), 요양보호사(입소자 12.5명당 1), 영양사1, 조리원2, 위생원(입소자 50명당 1)
비교	직원 배치 기준 비교적 양호 직영 및 위탁 운영 가능 입지 및 프로그램 차별화 우위 시 수익 창출 가능성 큼	직원 배치 기준 엄격 직영, 위탁 운영 불가 인건비 등 고정지출 부담 등으로 수익 유지 어려움

■ **노인의료복지시설 개요[2]**

노인의료복지시설은 치매, 중풍 등 노인성 질환으로 일상생활에 지장이 있는 노인이 입소하여 필요한 서비스를 받으며 생활하게 되는 시설이다. 노인요양시설의 경우, 입소 정원 10명 이상이며, 노인요양공동생활가정(그룹홈)은 입소 정원 5명 이상 9명 이하로 규정되어 있다. 입소 대상은 장기요양급여 수급자, 생계급여 수급자, 의료수급자로서 65세 이상의 노인이며, 입소자로부터 입소비용 전액을 받는 시설의 경

---

2 e－나라지표. 보건복지부 고시 노인복지시설 현황. (접속일: 2022.06.29)

우는 60세 이상으로 한다.

구분	설치목적	시설규모	입소대상	시설현황
노인 요양시설	치매, 중풍 등 노인 성질환 등으로 심신에 상당한 장애가 발생하여 도움을 필요로 하는 노인을 입소시켜 급식, 요양과 그 밖에 일상 생활에 필요한 편의를 제공함을 목적으로 하는 시설	입소정원 10명 이상 (입소정원 1명당 연면적 23.6㎡ 이상 공간 확보) 치매전담실을 두는 경우, 치매전담실 1실당 정원 16명 이하	다음 중 해당하는 자로서 노인성질환 등으로 요양을 필요로 하는 자 • 장기요양급여수급자 • 생계급여 수급자 또는 의료급여 수급자로서 65세 이상의 자	전국 4,057개소
노인요양 공동생활 가정	치매, 중풍 등 노인성 질환 등으로 심신에 상당한 장애가 발생하여 도움을 필요로 하는 노인에게 가정과 같은 주거여건과 급식, 요양 그 밖에 일상생활에 필요한 편의를 제공함을 목적으로 하는 시설	입소정원 5명 이상 9명 이하(입소정원 1명당 20.5㎡ 이상 공간 확보)	• 부양의무자로부터 적절한 부양을 받지 못하는 65세 이상의 자 • 입소자로부터 입소비용의 전부를 수납하여 운영하는 노인요양시설 또는 노인요양공동생활가정의 경우는 60세 이상의 자	전국 1,764개소

■ 노인복지주택 vs 유료양로시설 vs 노인요양시설 인력 배치 기준 비교

노인요양시설은 노인복지주택과 양로시설에 비해 간호, 요양 서비스의 비중이 크기 때문에 의사, 간호사, 요양보호사 등의 인력 기준이 가장 까다로운 편이다. 그에 비해 노인복지주택은 시설장, 사회복지사, 관리인 각 1명씩 배치에 대한 기준만 명시되어 있어 노인주거시설 및 의료시설 중에서 인력 배치 기준이 낮다. 양로시설의 경우는 노인복지주택에 비해 인력 배치 기준이 까다로운 편으로 3종류 시설 인력 배치의 구체적인 내용은 다음의 표와 같다.

구분	노인복지주택	양로시설	노인요양시설	자격 요건
시설장	1명	1명	1명	• 노인복지주택은 별도 자격 요건이 없으나, 양로시설 및 요양시설의 경우 사회복지사 자격증 소지자 또는 의료법 제2조 의거 의료인 또는 경력 5년 이상의 요양보호사
사무국장	–	1명	1명 (입소자 50명 이상)	
사회복지사	1명	1명	1명 (100명 초과 시마다 1명 추가)	• 사회복지사 자격증 소지자
의사 or 계약(촉탁) 의사	–	1명 (의사, 한의사, 치과의사 포함)	1명 이상 (의사, 한의사, 치과의사 포함)	• 의료기관과 협약을 체결하여 의료 연계 체계 구축 시 불필요
간호사 or 간호조무사	–	입소자 50명당 1명	입소자 25명당 1명	• 간호사 면허증 소지자, 간호조무사 자격증 소지자
물리치료사 or 작업치료사	–	–	1명 (100명 초과 시마다 1명 추가)	• 의료기사 등 법률에 따른 면허 소지자
요양보호사	–	입소자 12.5명당 1명	입소자 2.5명당 1명	• 요양보호사 자격증 소지자
사무원	–	1명 (입소자 100명 이상)	1명 (입소자 50명이상)	
영양사	–	1명 (1회 급식 인원 50명 이상)	1명 (1회 급식 인원 50명 이상)	• 영양사 자격증 소지자 — 위탁 시, 고용하지 않을 수 있으며, 위탁업체에 영양사가 직접 고용되어 있어야 함
조리원	–	2명 (100명 초과시마다 1명 추가)	입소자 25명당 1명	
위생원	–	입소자 50명당 1명	1명 (100명 초과 시마다 1명 추가)	세탁물 전량 위탁 시 미고용 가능
관리인	1명	–	1명 (입소자 50명 이상)	

■ 노인복지주택 vs 유료양로시설 vs 노인요양시설 시설 기준 비교

노인복지주택, 유료양로시설, 노인요양시설 모두 침실, 관리실, 식당 및 조리실, 체력단련실(프로그램실), 의료·간호사실, 비상 재해 대비시설은 공통적으로 설치되어야 하는 시설이며, 각 종류에 따라 다음의 표와 같이 시설 기준을 규정하고 있다.

구분	노인복지 주택	양로 시설	노인요양 시설	요건 및 예외 사항
침실	1 (화장실, 취사설비 등 포함)	1	1	노인복지주택은 20㎡, 양로시설과 노인요양시설은 입소자 1명당 각각 5㎡, 6.6㎡ 이상
관리실	1	1	1	사무실·숙직실 포함
식당 및 조리실	1	1	1	
체력단련실 및 프로그램실	1	1	1 (프로그램실)	• 체력단련실: 입소 노인의 체력 유지를 위한 운동기구 배치 • 프로그램실: 자유로이 이용 가능한 문화시설/오락기구 배치
의료 및 간호사실	1	1	1	• 진료 및 간호에 필요한 상용의 약품·위생재료 또는 의료기구 배치
식료품점 또는 매점	1	–	–	
비상 재해 대비시설	1	1	1	• 소화용 기구, 비상구 등
경보장치	1	–	–	• 타인 도움이 필요할 때 경보가 울릴 수 있도록 필요한 곳에 설치
요양보호사 및 자원봉사자실	–	1	2 (요양보호사1, 자원봉사자1)	
화장실	–	1	1	
세면장 및 샤워실	–	1	1	• 욕조 설치 시 전신이 잠기지 않는 깊이로 하며, 욕조 출입이 편리하도록 최소 1개 이상의 보조 봉과 수직 손잡이 기둥 설치
세탁장 및 세탁물 건조장	–	1	1	• 세탁물 전량 위탁 처리 시, 미설치 가능
물리(작업)치료실	–	–	1	• 기능회복 또는 기능감퇴를 방지하기 위한 훈련 등에 지장이 없는 면적으로 하며, 필요 시설 및 장비 배치

* 노인복지주택의 세탁장 및 세탁물 건조장은 세대 내 화장실, 세면장 등의 시설이 있을 경우 별도의 공용시설은 필요하지 않아 시설계획에 구분 불필요.

노인주택

■ 노인주택의 정의

노인주택은 노인이 노후를 지내기 위한 주택으로, 노인이 노후를 보내는 장소에는 여러 가지가 있지만 '주택'의 정의는 모호하고 다양해 어느 것이 '노인주택'에 해당하는지 판단하기가 쉽지 않다.

일반적으로 '주택'이란 각 거실이 완전히 구분된 공간으로, 세대가 그곳에서 생활을 영위할 수 있는 상태로 만들어진 건축물을 말한다. 또한 거주하는 사람이 독점적으로 거주하는 고유한 장소이며, 소유자의 건강 등의 사정에 의해 장소 변경 등이 이루어지지 않는 것도 중요한 요건이다.

그런 점에서 이용권방식을 취하고 있는 유료노인주택이나 노인장기요양시설은 주택이라고 말하기 어려운 면도 있다. 「주택형 유료노인주택」에서, 「주택형」이라고 굳이 "형"이라고 붙여 호칭하고 있는 것은 엄밀하게는 「주택」이 아니라는 의미를 포함하고 있다.

또, 주방·세면·욕실·화장실등의 수전 시설이 전용면적인 방 안에 없고 공용부분에 있거나, 방에 열쇠가 잠기지 않아 프라이버시가 부족한 케이스가 많아, 유료노인주택이나 노인장기요양시설은 「주택」이라고는 말할 수 없는 면도 있다. 이와 같이 이용권방식과 충분한 주택으로 갖추어야 하는 성능이 떨어지는 것을 제외하면 노인주택이라고 할 수 있는 것은 소유권 방식의 시니어 대상 분양 아파트와 임차권 방식의 서비스형고령자주택이 있다.

■ 노인주택에 대한 법적 정의

노인주택을 이해하기 위해서는 노인을 위한 주거환경에 대한 체계적이고 종합적인 이해가 필요하다. 외국의 다양한 노인주거형태가 국내에 소개되는 과정에서 노인보건시설, CCRC, 노인요양시설, 서비스형고령자주택, 노인주택, 그룹홈 등 노인주택을 상징하는 다양한 용어의 개념적인 혼란으로 커뮤니케이션이 원활하지 못했다.

우리나라의 노인주택에 대한 법적 정의는 아직 미비한 상태로, 노인복지법 제31

조에서 노인복지시설의 한 유형으로 분류되어 주택이 아닌 시설로 명시되어 있다. 따라서 일반적으로 정의된 노인주택의 개념을 살펴보면 ① 노인의 생활 특성을 배려하여 물리적 거주 조건이나 서비스가 제공되는 주택, ② 다수의 노인이 모여서 거주하는 형식의 주택, ③ 노인의 자립 생활을 보장하기 위한 건축물 외에 인적 서비스가 지원되는 주택이라고 정의할 수 있다.

■ 노인주택에 요구되는 기능

노인주택에 요구되는 기능은 생활케어 기능, 건강의료케어 기능, 취미 여가 기능, 공동생활 기능으로 구별된다. 생활케어 기능은 식사, 목욕, 배설 등 생활편의서비스가 제공되고, 건강의료케어 기능으로는 노인의 정신안정, 신체적 기능증진, 체력단련시설, 의료시설을 갖춘 메디컬센터, 건강유지관리서비스가 제공되고, 취미 여가 기능으로는 취미, 오락, 레저, 스포츠 및 휴양시설, 문화활동 및 일상생활의 즐거움이 제공되고, 공동생활 기능으로는 가족, 입주자, 직원, 지역과의 교류 등 각종 서비스 기능이 제공된다.

즉, 소프트웨어로서의 기능은 문화·일상생활서비스와 건강관리서비스가 요구되고, 하드웨어로서의 기능은 쾌적한 주거시설, 병원과 연계된 의료시설, 문화·오락·체력서비스를 위한 공용시설이 요구된다.

■ 노인주택과 일반주택의 차이점

노인주택과 일반주택의 차이점은 기본적인 서비스 제공에 있다. 노인주거는 노인특성을 고려한 물리적 요소와 함께 각종 생활편의서비스, 고령화에 따른 불편을 억제할 수 있는 소프트웨어가 수반된다는 점에서 일반주택과 구별된다.

이처럼 노인주택(senior housing)은 노인의 신체적·정신적 특성에 맞도록 주거공간을 설계하여 단순한 주거시설의 차원을 넘어 입주자의 눈높이에 맞는 각종 서비스를 충족시키도록 설계된 시설로, 노인 생활에 필요한 각종 서비스 프로그램을 제공하여 생활의 편의를 제공하는 노인주거공동체로서 Retire Community와 Senior Housing으로 구분할 수 있다.

따라서 노인주택은 입주자에게 노후생활에 필요한 재화나 서비스를 제공하고, 노인들에게 안정감과 평안함 및 신뢰감 등을 함께 제공하는 등 노인복지적인 의미도 내포하고 있으며, 민간기업이 시장경제의 원리에 입각하여 노인을 대상으로 재화나 서비스를 제공하는 경제활동으로서의 의미를 포함하고 있다.

나아가, 노인주택의 업무 영역은 공익성이 요구되는 노인복지의 영역과 민간기업의 입장에서 수익성을 추구하는 영리사업으로, 수익성과 공익성이 공존하는 산업으로 능동적인 참여가 기대되는 분야라고 할 수 있다.

■ 노인주택과 시설의 차이점

시설이 고령자의 전용 및 공용공간에 대한 이용권을 고령자에게 인정하거나 시설 입주자에 대한 고령자의 개별적인 선호가 반영되지 않음에 비해서, 주택의 경우 분양 방식이라면 고령자의 소유권은 상속이 가능하며, 임차라고 하더라도 동거인을 선택할 수 있는 권리를 가진다는 점에서 입주자 개인의 선호를 반영한다.

예를 들어 시설에 입소한 노인의 경우 자신이 원한다고 해서 자신의 거실에 자식이나 동료를 마음대로 데려와 거주할 수 없지만, 노인주택에 거주하는 노인은 본인이 원하면 가족 또는 친지와의 동거가 제한적으로 허용되기도 한다.

시설과 주택의 또 다른 차이는 이용자 수이다. 즉, 시설은 일정한 인원수 이상의 노인 거주자를 필요로 하지만, 주택은 1인을 대상으로도 공급할 수 있다는 점에서 개인의 선호에 대응하기가 용이하다. 다만, 일반적으로 주택공급 시 경제적인 효율성과 택지 확보 면에서의 편리성 때문에 집합주택으로 공급되는 경향이 있으므로 숫자상의 차이는 큰 의미가 없을 수도 있다.

■ 주택형 주거와 시설형 주거의 차이

주택형 주거	시설형 주거
프라이버시 중시	공동생활 중시
자립적·자율적인 생활	협조적인 생활
자유로우나 자기책임	관리적이지만 안심
서비스는 임의	서비스 사업이 일률적으로 제공됨
지역자원을 활용하며 생활	시설 내에서 해결하며 생활
건물임대차계약	이용권계약
계약한 주택에서 계속 살 수 있도록 보장됨	개호도가 높아진 경우, 개호 전용공간으로 이동될 수 있음
상황에 따라 행정의 관여 있음(주택행정)	행정의 조사권 있음(복지행정)

자료: 東京都福祉保健局住宅支援課(2010.9), あんしんなっとく高齢者向け住宅の選び方, p. 9

노인복지주택의 역사

노인복지주택은 최초로 유료양로시설 유당마을이 설립되었다(현재는 노인복지주택임). 1993년 말에 민간기업과 개인에게도 임대형 노인복지주택 개발이 허용되었고, 1996년에 두 번째로 유료양로시설 일붕실버랜드가 개설되었다. 1997년 8월을 기점으로 민간기업도 분양형 노인복지주택을 개발할 수 있게 되면서 최초로 도심형 노인복지주택(서울시니어스타워)이 설립되었다.

2000년에 들어서면서 2001년에 대기업에서는 삼성그룹이 처음으로 한국형 노인복지주택 모델 창설에 의의를 두고, 노인복지주택과 요양센터를 병설하여 삼성노블카운티를 설립하게 된다.

2007년 노인복지법이 일부 개정되면서 노인주거복지시설을 양로시설, 노인복지주택, 노인공동생활가정의 3가지로 규정하였다. 민간건설업체 입장에서는 건축부지 취득에 관한 조세감면 등 아파트 분양사업과 비교해 완화된 시설 설치 기준을 적용받는 등 다양한 혜택이 주어졌고, 이를 이용하고자 자연녹지지역과 준공업지역 등에도 노인복지주택을 공급했다. 이때, 문제는 입지 조건이 열등한 곳에 노인복지주택을 공급하다 보니 미분양이 발생하게 되었고, 사업시행자는 이를 입주자격에 해당하지 않는 60세 이하에게도 분양과 매매, 임대하는 등 공급 질서가 크게 훼손되는 예도 있었다.

이에 2008년 8월 4일 정부는 법률개정3을 통해 분양, 양도, 임대의 입주기준을 위

---

3 노인복지주택에 입소할 수 있는 자는 60세 이상의 노인으로 하고, 60세 미만인 자에게 노인복지주택을 분양, 양도, 임대하는 것 등을 금지하며 이를 위반한 경우 벌칙을 부과하도록 되어 있다. 사업 시행 초기 민간건설업체인 유승앙브와즈(파주시 탄현면, 1080세대)는 노인복지주택에 주어지는 정책적 혜택을 이용하여 노인복지주택을 건설하고 입소적격자가 아닌 자에게 분양하여, 노인복지주택이 일반 공동주택처럼 거래되었는데, 수분양자들은 대출, 등기 등 재산권 행사의 제한을 받게 되었다. 이러한 사례가 빈발하자 보건복지부는 범칙금을 부과하는 등 다양한 규제를 하였지만, 여론에 밀려 법률개정을 하게 된다. 2008년 8월 4일 전에 건축법에 따라 허가받거나 주택법에 따라 사업계획이 승인된 노인복지주택을 분양받거나 양수한 사람들은 재산권 행사의 제한을 받고 있었으므로 이러한 소유자 등을 구제하기 위하여 특례규정을 마련(노인복지법 부칙 제4조의2…. 개정규정에도 불구하고 입소자격자가 아닌 자에게도 양도 또는 임대할 수 있다. 제4조의3…. 개정규정에도 불구하고 60세 미만인 입소자격자가 아닌 자도 입소할 수 있다.)하게 되었다. 따라서, 노인복지주택을 2008년 8월 4일 이전에 분양받았던 무자격입주자에 대해 매매나 증여 그 밖의 소유권 변동이 가능해졌고 60세 미만인 자도 거주할 수 있게 되었다.

반할 경우, 처벌 규정을 마련했다. 그런데도 분양형 노인복지주택의 잡음이 끊이지 않았고, 2013년 정부가 처음으로 노인주거복지시설 전체를 대상으로 입주자 현황 조사를 한 결과, 입주자의 34.1%가 입주자격 미달(60세 미만)인 불법 거주자로 나타났다. 보건복지부는 노인복지법을 개정해 2015년 7월 29일부터 분양형을 폐지하고, 현재는 양로시설과 마찬가지로 임대형으로만 운영하도록 하고 있다.[4]

노인복지주택은 1988년 유당마을을 시작으로 2022년 말 기준 38개소이다. 100세대 이상 규모의 노인복지주택 중 유료양로시설로 운영하는 곳은 전국에 3개소 있으며, 더 클래식 500(서울시 광진구 소재), 미리내실버타운(경기도 안성시 소재), 일붕실버랜드(경남 의령군 소재)이다. 노인복지주택과 유료양로시설을 아울러서 실버타운으로 통칭하고 있기 때문에 3개소를 포함하면 41개소이다.

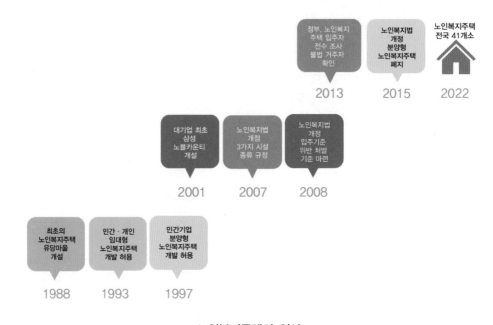

노인복지주택의 역사

4 2022. 1. 12 아시아투데이 <칼럼>시니어주택의 특성과 '신도시형 에이징 인 플레이스' 유선종.
   (https://www.asiatoday.co.kr/view.php?key=20211229010017553)

노인복지주택 개발 방향

■ 개발 현황 및 방향

노인복지주택은 노인에게 주거시설을 임대하고 편의, 생활, 지도, 상담 및 안전관리 등 일상생활에 필요한 편의 제공을 목적으로 하는 노인복지시설이다.

우리나라는 1988년 최초로 노인복지주택(당시는 유료양로시설)이 설립되었으며, 1993년 노인복지법의 개정으로 민간에서도 노인복지시설을 개설할 수 있게 되면서 수도권을 중심으로 공급도 증가세를 보이며, 2021년 기준 전국 41개(유료양로시설 3개 포함) 시설 중 70%가 수도권에 분포되어 있다.

최근 개발되는 사례를 보면 공공택지를 기반으로 복합개발하는 민간컨소시엄의 사업자가 공급하는 패턴이 두드러지고 있으며, 컨소시엄 규모에 맞게 노인복지주택의 세대 수도 500세대 이상의 대형 규모로 개발하는 추세이다. 예를 들면, 청라지구에 인천경제자유청 보유의 의료복합용지를 공모 방식으로 사업자를 공모한 결과 아산병원 컨소시엄이 우선협상대상자로 선정되었고, 800병상 규모의 병원과 오피스텔 2,800세대, 노인복지주택 1,100세대가 공급될 예정이다. 마찬가지로 서울 강서구 마곡에 SH공사 보유의 마곡 MICE 복합개발사업을 추진하는데, 'VL르웨스트'라는 롯데호텔의 노인복지주택 운영 브랜드(VL(Vitality & Liberty))로 노인복지주택 810세대가 공급될 예정이다. 참고로, 2022년에 부산 오시리아 관광지구에 같은 VL브랜드인 VL라우어가 임대 분양되었다.

서울시니어스타워가 최초의 도심형 노인복지주택으로 1998년 설립된 후, 2003년에 분당 및 강서타워, 2015년 강남타워 등 시리즈로 개발, 운영되고 있다. 더 시그넘 하우스도 강남구 자곡동에 이어 청라지구에도 개발하고 있으며, 신규로 노인복지주택 사업에 참여하게 된 호텔롯데에서 운영컨설팅을 하는 VL의 경우에도 부산 오시리아에 이어 서울 마곡 지구에도 개발이 시작되었다. 이는 고령화라는 사회적 필요와 수요의 증가에 민간사업자들의 참여가 맞물려 나타나는 상황이라고 이해할 수 있다.

이외에도 기존 노인복지주택에서는 허용하지 않았던 반려동물과의 동반 입주도 이슈이다. 반려동물이 가족의 개념으로 함께 생활하는 것이 일반화된 생활상을 반영하여 개발 예정인 노인복지주택에서는 반려동물 동반 입주를 허용하는 추세이다. 구체적인 사례 사례에 대해서는 뒷부분에서 살펴보도록 한다.

노인복지주택의 운영 관리 현황

■ 전반적인 운영 관리 현황

운영 주체는 큰 틀에서 대기업·재단, 병원·종교단체, 민간사업자로 구분할 수 있다. 노인복지주택의 임대사업은 사업 주체의 안전성과 신뢰도가 크게 영향을 미치고 있다.

임대 기간은 초기에는 계약 시 10년 이상 장기 임대 계약을 했다면, 최근에는 3년에서 10년으로 비교적 임대 기간을 짧게 하는 추세이다. 단, 기존 노인복지주택의 경우 만실이 된 후, 운영 전략상 임대 기간을 짧게 조정하는 경우가 대부분이기 때문에, 신규 개발하는 경우에는 신중한 판단이 필요하다. 보증금 및 월 생활비는 임대 기간 연장 시 시세를 반영시켜 상향 조정하는 형태이다. 최초 기본계약 해지 시 위약 사항으로는 입소보증금의 5%~10%에 해당하는 금액을 공제 후 반환하는 계약을 체결하게 된다.

보증금 담보방식으로는 주로 전세권 설정을 하고 있으며, 이외에도 질권 설정 및 보증보험 가입 방법 등이 있다.

■ 운영 주체별 기존 노인복지주택 사례

대기업이 참여한 곳으로는 삼성노블카운티(삼성생명 공익재단), 학교법인이 참여한 곳으로는 더 클래식 500(건국대학교), 엘펜하임(명지대학교)이 있다. 병원이 참여한 곳으로는 서울시니어스타워(송도병원), 종교단체가 참여한 곳으로는 더 헤리티지(늘푸른재단), 마리스텔라(천주교회 인천교구), 유당마을(사회복지법인 빛과 소금) 등이 있다.

민간사업자로는 SK그레이스힐(KHIND), 벽산블루밍(무림개발), 카이저팰리스(상암 카이저 팰리스) 등이 있다.

노인복지주택의 운영주체별 구분

구분	주택명	운영 주체	공급방식 (세대 수)	자립 요양	보증금	임대 기간	보증금 안전장치
대기업 · 재단	더 클래식 500	건국AMC (건국대)	임대 (380세대)	자립	9억	1년~3년	보증보험
	삼성노블 카운티	삼성생명 공익재단	임대 (555세대)	혼합	3억-6억	3년	질권
	유당마을	사회복지 법인(및과 소금)	혼합 (336세대)	혼합		5년	전세권
병원 · 종교 단체	시니어스 가양타워	송도병원	혼합 (350세대)	혼합	4억-5억	·	전세권
	마리스텔라	천주교회 인천교구	임대 (264세대)	혼합	2.5억- 3.5억	·	전세권
	더 헤리티지	서우로이 엘(늘푸른 의료재단)	혼합 (390세대)	자립	·	2년	전세권
민간	SK 그레이스힐	KHIND	혼합 (182세대)	자립	·	2년	전세권
	벽산블루밍 더 클래식	무림개발 (드림하우스)	분양 (220세대)	자립	분양 100%		
	카이저 팰리스	상암 카이저팰 리스	분양 (240세대)	자립			

■ 제공서비스별 입주 대상 구분

자립형과 케어형으로 나누어 볼 수 있으며, 두 가지 유형의 병설 형태가 있다. 자립형의 대표적인 유료양로시설로 더 클래식 500이 있다. 자립형과 케어형이 복합되어 있는 시설로는 노인복지주택과 노인요양시설을 중복으로 등록한 노블카운티, 더 시그넘 하우스가 있고, 노인복지주택과는 별도로 노인요양시설을 등록한 서울시니어스 가양타워, 마리스텔라가 있다.

노인요양시설을 처음부터 등록하여 운영하는 곳도 있으나, 그것과는 별도로 노블카운티와 같이 필요에 따라 추가적으로 너싱서비스 시설을 증설한 뒤 서비스를 제공하고 있는 곳도 있다.

이는 초기에는 건강하던 입주자가 후기고령자가 되고, 가령에 따라 건강상태가 악화되어 가는 과정에서 나타나는 입주자의 수요를 해당시설에서 흡수해야 하는 당위성에 따른 시대적, 사회적 상황을 반영한 운영 전략으로 이해할 수 있다.

구분		더 클래식 500	삼성 노블카운티	더 시그넘 하우스	서울시니어스 가양타워	마리스텔라
등록 현황		유료양로시설	노인복지주택, 요양시설 중복등록	노인복지주택, 요양시설 중복등록	노인복지주택과 별도로 시니어스너싱홈 등록	노인복지주택과 별도로 성모요양원 등록
노인복지주택	자립	100%	약 75%	약 75%	약 85%	약 85%
	너싱 서비스	.	프리미엄 세대 운영	계획 중	자립 세대에 간호/간병 추가	.
노인요양시설	너싱홈	.	약 25%	약 25%	약 15%	약 15%
기타 병설 시설		.	.	.	주야간 보호센터	.

■ 운영 방법에 대한 고려

초기 개발 기획 단계에서부터 운영을 어떻게 할 것인지에 대한 충분한 고민이 필요하다. 경험이 있는 회사에 위탁 운영을 맡길 것인지, 설치 신고자가 직영할 것인지, 위탁 운영을 한다면 부분 위탁 혹은 전체 위탁 등에 대한 계획을 미리 해야 한다.

운영 자격의 요건은 설치 신고자가 직영하거나 위탁 운영 시에는 반드시 노인복지주택 운영 경험이 있는 기관이어야 한다.[5] 세부적으로는 식사 서비스를 비롯한 서비스 프로그램을 개발하는 데 있어서도 자체적으로 운영할 것인지 외부에 의뢰하여 진행할 것인지 등 하나하나 구체적인 운영계획을 수립해야 한다.

---

5 노인복지법에 의거하여 노인복지주택사업을 실시한 경험이 있으며 운영업무를 담당할 전담인력 및 전담 조직을 갖춘 자에게 위탁하여 운영 가능. (노인복지법 제33조 제2항에 따라 노인복지주택을 설치한 자는 해당 노인복지주택의 전부 또는 일부 시설을 시장·군수·구청장의 확인을 받아 대통령령으로 정하는 자에게 위탁하여 운영할 수 있다. <개정 2019. 1. 15.>)

노인복지주택 개발 기획 요소

노인복지주택의 유형 및 세대 구성

노인복지주택 개발에 앞서 입주 대상을 선정하고, 노인복지주택과 양로시설 노인요양시설의 법적 차이를 제대로 이해하여, 개발하고자 하는 시설의 유형을 선정해야 한다. 다음으로는 입주 대상에 맞는 비즈니스 모델의 구축 방향성을 선정한다. 이때, 노인주택에 요구되는 기능으로는 생활 지원 서비스 기능, 건강·의료 서비스 기능, 취미·여가 서비스 기능, 공동생활 서비스 기능 등을 반영하여 시설 및 인프라 구성을 구체적으로 검토하고, 사업의 차별화 전략을 위한 서비스 및 프로그램을 수립한다.

나아가서 노인복지주택은 입주자에게 노후생활에 필요한 재화나 서비스를 제공하고, 노인들에게 안정감과 평안함 및 신뢰감 등을 함께 제공하는 등 노인 복지적인 의미와 민간기업이 시장경제의 원리에 따른 경제활동으로서의 의미를 동시에 내포하고 있다.

이러한 점을 염두에 두고, 노인복지주택 개발 기획 요소에 대해 구체적으로 살펴본다.

■ 노인복지주택의 유형(자립형 vs 자립+케어)

노인복지주택을 개발하려고 할 때 고려해야 하는 사항 중 건강한 노인을 대상으로 할 것인지, 장기요양서비스가 필요한 노인을 대상으로 할 것인지, 너싱서비스도 고려할 것인지에 따라 개발하려는 시설의 공급기준이 달라지게 된다. 따라서 입주 대상의 건강 상태, 경제적 수준, 나이 등을 고려하여 개발하고자 하는 노인복지주택의 유형을 결정하게 된다. 만약 입주 대상을 너싱서비스 등 케어가 필요한 경우도 고려할 경우 너싱홈을 병설하는 등 시설설치에 대한 다양한 요인을 사전에 고려하여야 한다.

단순 요양시설의 경우 운영에 필요한 모든 비용을 입소자에게 청구해야 하고, 장기요양 서비스를 제공하는 장기요양기관에서는 약 200만 원 정도를 청구하게 된다. 비용의 80%는 장기요양보험, 나머지 20%는 입소자가 부담하는 구조로, 대다수의 노인요양시설이 장기요양기관으로 등록한다.

■ 입주 대상 범위 결정

자립상태의 액티브 시니어부터 케어가 필요한 후기고령자까지 다양한 범주 안에서 입주 대상을 결정해야 하며, Day Care, Assisted living, Nursing service 등 그에 맞는 서비스가 가능하도록 섹터를 구성해야 한다.

시설 수준에 따른 등급 및 입주자의 나이, 건강 및 경제적 상황에 적합한 시설 규모 및 서비스 수준을 결정하고, 커뮤니티, 유니트 특화 평면 등을 반영할 수 있도록 한다.

노인복지법상 입주자격을 60세 이상으로만 규정하고 있으나, 이미 운영 중인 노인복지주택에서는 입주 시 80세 이하로 제한을 두는 곳도 있다. 이러한 상황 등을 반영하여 개발 초기부터 입주 대상 범위를 명확히 설정하는 것도 중요한 요소라고 할 수 있겠다.

■ 세대 구성 및 규모

세대는 일반적으로 독신형 세대와 부부형 세대로 구성되며, 지역 특성, 입주 대상 고객 특성, 사회적 니즈 등을 반영하여 세대 비율을 정한다.

기존 노인복지주택의 입주자 구성을 보면, 입주 시점에는 독거 세대가 약 30%, 부부 세대가 70% 정도이지만, 시간의 경과에 따라 비율이 역전되어, 독거 세대가 60~70%, 부부 세대가 30~40% 수준이다. 부부가 입주했지만, 시간의 경과로 인해 독거 세대로 되었을 때에도 평형 축소 후 지속거주가 가능하도록 시스템을 만들어 두는 것이 좋다.

입주시점의 세대 구성과 입주 후 일정기간이 경과한 시점의 세대 구성은 상당한 차이가 발생하게 된다. 이러한 상황을 반영하여 독거 세대 및 부부 세대의 합리적인 운영방안 마련을 위해 운영 초기의 인별 고정 관리비 부과 방식을 시간의 흐름에 따라 세대별 고정 관리비 부과 방식으로 변경하는 등 유동적인 방안을 다양하게 고민할 필요가 있다.

신규 외부 유입의 경우 독신 비율이 증가하고 있는 점 등도 세대 규모 및 세대 비율에 반영할 필요가 있다. 기존 노인복지주택의 세대 규모는 7평 원룸에서 60평의 대형 평수로 다양하게 구성되어 있다. 즉, 56평 단일 평수로만 구성된 곳이 있는가 하면 작은 원룸에서 큰 평형까지 20개 이상의 타입으로 구성된 곳도 있다. 즉, 어떤 전략으로 개발하고 운영할 것인지에 따라 세대의 구성과 규모를 고려해야 한다.

■ 세대 구성에 대한 욕구

세대 구성 시 요구되는 고려사항으로는 독신 세대의 전용면적 확대, 부부 세대의 경우는 수면의 질 향상 및 스트레스 해소 공간의 필요성이 주목받으면서 방과 화장실 각각 2개를 선호한다는 것 등이다. 또한, 세대 창고(트렁크 룸) 등 충분한 펜트리 공간이 필요하다는 것도 고려해야 할 사항이다.

고급형 노인복지주택에 입소를 희망하는 경우 기존에 거주하던 아파트 등과 비교하여 대형 평수를 선호하는 경향이 있지만, 최근에는 미니멀 라이프를 추구하며 소형 평수를 찾는 입주 예정자도 늘고 있다.

60대 액티브 시니어의 경우 처음부터 한 곳에 입주하여 정착하지 않고, 여러 군데에서 일정 기간씩 거주해보고 최종 정착지를 결정하려는 경향이 있는데, 이러한 심리가 소형 평수를 선호하는 이유 중 하나일 수 있다.

가구 설비 등을 제공할 때, 침대와 소파는 개인의 취향을 반영할 수 있도록 기본 옵션화하지 않는 것이 좋으며, 추후 너싱서비스를 고려한 원룸 타입은 전용면적 및 화장실 면적을 확대할 필요가 있다.

노인요양시설(너싱홈)과 너싱서비스의 비교 ─────

■ 너싱홈 vs 너싱서비스

너싱홈은 노인요양시설로 등록된 곳으로 자립 생활이 어려운 노인을 대상으로 하며, 법 제도에 규정된 시설 및 인력 수준을 갖추어야 한다. 또한, 너싱홈을 병설하여 운영할 경우 운영 난이도가 높아질 가능성이 크다.

노인복지주택은 별도의 정부 지원이 없는 대신 장기요양기관 대비 별도의 정부 규제도 심하지 않다. 너싱서비스는 시설로 등록할 필요는 없으며, 시설 설비 및 인력 배치에 법적 의무사항도 없다. 이러한 이유로 인해 노인복지주택 내 일부 세대를 너싱서비스가 가능한 형태로 운영한다.

■ 법적 인력 배치 기준

요양시설로 개설할 경우, 사업주로서는 법적 직원 배치 기준에 따른 관리비 부담을 고려하지 않을 수 없다.

너싱서비스 운영 시 양로시설의 필수 시설 및 인력 기준을 적용하되, 너싱홈 전환을 대비하여 추가적인 여유 공간 및 인력 등을 고려한 설계를 해야 한다. 예를 들어, 노인복지주택 1,000세대에 노인요양시설 200 Bed의 시설의 개설할 경우 필수 인력을 시설장 2명, 사무국장 1명, 사회복지사 3명, 간호사 4명, 요양보호사 80명, 관리인 1명을 배치해야 한다. 반면, 노인복지주택으로만 1,200세대를 개설할 때는 시설장 1명, 사회복지사 1명, 관리인 1명을 배치하면 필수적인 법적 인력 배치 기준이 충족된다.

또한, 입주 초기에 마케팅 차원에서 노인복지주택과 요양시설을 동시 개설할 경우, 액티브 시니어와 케어가 필요한 노인의 상충하는 이미지로 인한 오히려 마케팅에 애로가 발생할 우려가 있으므로, 개발 초기에는 요양시설보다는 노인복지주택 내 너싱서비스를 적용하는 사례가 많다고 볼 수 있다.

■ 너싱홈의 입소 자격

노인요양시설의 입소자는 장기요양 1~3등급 및 5등급(치매 등급) 판정 노인이 주 대상이며, 기존의 노인복지주택에서는 삼성노블카운티, 더 시그넘 하우스, 서울시니어스 가양타워, 마리스텔라 등에 너싱홈 시설이 갖춰져 있다.

3~4등급 판정자는 시니어타운의 프리미엄 서비스를 선호하는 경우가 많다. 삼성노블카운티와 더 시그넘 하우스의 경우에는 너싱홈 이외에 너싱서비스도 제공하고 있어서 이용 가능하다.

■ 너싱홈의 운영

장기요양기관은 장기요양급여의 제공, 장기 근속 수당, 각종 수당 및 보조금을 받는 대신 근무 인력 규정부터 근무 시간, 근무 형태, 인건비 지급 정도, 각종 비급여 항목에 관한 규정, 각종 신고사항 및 비정형 업무 보고, 협력 요청 등 규제가 많다.

■ 고려사항

노인복지주택과 노인요양시설을 병설하여 운영할 경우, 각각의 출입구를 별도로 마련하여, 동선이 겹치지 않도록 고려해야 한다. 노인복지주택과 노인요양시설을 함께 운영하는 더 시그넘 하우스, 마리스텔라 등의 경우에도 노인복지주택의 출입구와 노인요양시설의 출입구를 동선이 겹치지 않도록 배치하여 운영하고 있다.

노인복지주택의 보증금 산정 및 담보방식

■ 보증금의 적정성 판단

임대 상품의 특성을 고려하여 보증금과 월 생활비(관리비) 수준의 적정성과 향후 반환에 대한 대비가 이루어져야 한다. 보증금 안전장치에 대한 입주자 니즈 및 운영사 부담 등에 대한 두 가지 측면에서 검토가 필요하다.

우선 보증금 산정에 대해 검토해보면, 기존 노인복지주택의 경우 입주 타겟 고객층을 대상으로 욕구 조사 및 주변 아파트의 시세를 기준으로 단위면적당 단가를 검토하여, 보증금 산정의 기준을 마련하기도 한다. 또한 주변 시세 및 개설하고자 하는 노인복지주택의 시설 및 프로그램의 고급화 수준 등을 고려하여 보증금을 산정한다.

구분	평 단가	개원 시 보증금	소재지 근처 아파트 평단가	평단가 비율	비고
더 클래식 500	약 2,250만 원	2009년 9억	약 2,649만 원	85%	
삼성노블카운티	약 2,219만 원	2001년 5억	약 1,426만 원	156%	보증금 반환식
더 시그넘 하우스	약 3,641만 원	2017년 7억	약 3,447만 원	106%	
서울시니어스타워(가양)	약 2.620만 원	2007년 6억	약 2,047만 원	128%	
마리스텔라	약 1,028만 원	2014년 3억	약 1,163만 원	88%	

■ 보증금 안전장치

보증금 담보방식으로는 보증보험 가입 방식, 전세권 및 질권 설정 등이 있다. 보증보험에 가입할 경우는 매년 갱신해야 하며, 사업주 입장에서는 비용 부담이 큰 방식이라고 할 수 있다. 기존의 노인복지주택에서는 전세권 설정 방식을 가장 많이 취하고 있으며, 이때 발생하는 비용에 대한 부담은 입주자와 사업주 각 50%로 하는 경우가 많다. 질권 설정은 삼성노블카운티에서 취하고 있는 방식으로 전세권 설정과 마찬가지로 입주자와 사업주 비율은 각 50%이다.

노인복지법상에서 보증금 반환채무에 관해 규정하고 있는 내용은 다음과 같다.

① 입소자 보증금 반환채무 이행보장

양로시설·노인공동생활가정 또는 임대형 노인복지주택을 설치하려는 자는 입소자에 대한 보증금반환 채무의 이행을 보장[1]하기 위하여 입소 계약 체결 후 보증금 수납일부터 10일 이내에 다음 각호의 요건에 적합한 인·허가 보증보험에 가입하여야 한다. 다만, 시설 개원 이후 입소자별로 전세권 또는 근저당권 설정 등의 조치를 한 경우에는 각각 인·허가 보증보험에 가입하지 아니할 수 있다.

- 보증내용: 입소자의 입소보증금 반환채무 이행보증
- 보증가입금액: 입소보증금 합계의 100분의 50 이상
- 보증가입 기간: 보증금 납부일부터 퇴소 시까지[2]
- 보증가입 관계: 시장·군수·구청장을 피보험자로 함
- 보험금 수령 방법: 시장·군수·구청장의 확인하에 입소자가 보험금을 직접 수령함

② 전세권 설정

전세권 설정을 통해서 등기부등본에 1순위로 등재하는 방법과 전입신고 후 확정일자를 받는 방법으로 할 수 있다. 임대인이 법인일 경우 전세권 설정에 필요한 서류는 신청인의 신분증과 법인 사용인감(대표자가 직접 가면 대표자의 신분증과 법인 도장을 가져가면 되나, 그 외 직원이 가게 되면 재직증명서 필요), 법인 인감증명서, 사업자등록증 사본, 등기필증, 법인 등기부등본을 준비한다.

임차인 필요서류는 신분증, 도장, 계약서 주민등록 원초본(원초본: 주소 이동내용이 모두 나오는 초본)이고, 전세권 설정 시, 민법 제312조 전세권의 존속기간 및 민법 제313조 전세권의 소멸통고 사항을 제대로 이해하고, 임대인과 임차인 상호주의가 필요하다.

---

1 「노인복지법 시행규칙」[별표 2] 제2호
2 보증가입 기간은 통상 연 단위로 가입하는데, 법령은 보증금 납부일부터 퇴소 시까지 보증기간이 되도록 규정하고 있어 이는 매년 지속적으로 연장되어야 함을 의미.

- 민법 제312조 전세권의 존속기간
  - 전세권의 존속기간은 10년을 넘지 못한다. 당사자의 약정기간이 10년을 넘는 때에는 이를 10년으로 단축한다.
  - 건물에 대한 전세권의 존속기간을 1년 미만으로 정한 때에는 이를 1년으로 한다.
  - 전세권의 설정은 이를 갱신할 수 있다. 그 기간은 갱신한 날로부터 10년을 넘지 못한다.
  - 건물의 전세권 설정자가 전세권의 존속기간 만료 전 6월부터 1월까지 사이에 전세권자에 대하여 갱신 거절의 통지 또는 조건을 변경하지 아니하면 갱신하지 아니한다는 뜻의 통지를 하지 아니한 경우에는 그 기간이 만료된 때에 전 전세권과 동일한 조건으로 다시 전세권을 설정한 것으로 본다. 이 경우, 전세권의 존속기간은 그 정함이 없는 것으로 본다.
- 민법 제313조 전세권의 소멸통고
  전세권의 존속기간을 약정하지 아니한 때에는 각 당사자는 언제든지 상대방에 대하여 전세권의 소멸을 통고할 수 있고, 상대방이 이 통고를 받은 날로부터 6월이 경과하면 전세권은 소멸한다.
  → 묵시적 연장이 되는 것은 맞지만, 자동연장 시 전세권의 존속기간은 정함이 없는 것이 되고, 민법 제313조에서 존속기간이 약정되지 않는 전세권에 대해서는 소멸통고에 따라 6개월짜리 전세권이 될 수도 있으므로 상호주의가 필요함.

③ 근저당권 설정

입소보증금을 근저당권 설정자인 노인복지주택의 채무로 설정 등기한다. 채권최고액 내에서 우선변제가 가능하나, 긴 시간 지속적으로 주변 전세가격 등이 상승하여 노인복지주택의 보증금이 채권최고액보다 높은 금액이 되어야 할 때는 재설정의 필요가 발생한다.

노인복지주택의 월 생활비 산정 ──────────

■ 월 생활비의 적정성 판단

① 월 임대료

2015년 이후 노인복지주택의 운영은 임대형으로 단일 방식이다. 즉, 매월 일정의 월세를 내고, 생활을 하게 되는 방식으로 주택의 위치, 시설 내외부의 고급화 수준, 운영하는 프로그램의 차별화 등에 따라 월 생활비를 적정수준으로 책정하는 것이 중요하다. 또한, 식비의 경우 의무식 제도를 둘 것인지 여부와 어느 정도 수준을 기준으로 의무식을 정할 것인지 등에 대한 검토도 필요하다.

다음의 표는 24평~25평 세대, 1인 기준으로 각 시설에서 정한 의무식을 반영한 월 생활비이다(단, 더 클래식 500은 단일 평수로 56평형임).

구분	위치	월 생활비	의무식	종사자 수	부대시설 규모	의료 연계 수준	세대 규모
더 클래식 500	서울 광진구	500만 원 (세대당)	20식	133명	2,905평	건대병원	56평형
삼성 노블카운티	경기 용인시	336만 원	90식	180명	6,074평	삼성병원	25평형
더 시그넘 하우스	서울 강남구	321만 원	60식	47명	na	삼성서울병원, 아산병원	25평형
서울시니어스 타워(가양)	서울 강서구	160만 원	60식	58명	1,600평	송도병원	25평형
마리스텔라	인천시 서구	145만 원	45식	70명	na	국제성모병원 (카톨릭 관동대)	25평형

② 관리비

관리비는 정액으로 부과하는 일반관리비와 정산을 통해 부과하는 세대 사용료 및 의무식에 해당하는 식비로 구성된다.

기존 노인복지주택의 관리비(식비 포함)를 보면, 예를 들어 4개의 노인복지주택 같은 25평 세대라고 해도 145만 원에서 382만 원으로 각각 다르다.

구분		내용
일반 관리비 [정액]	인건비	관리, 복지, 간호, 시설, 미화, 보안, 커뮤니티 인건비
	제경비	사무용품비, 도서 인쇄비, 감가상각비 등 제경비 (인터넷, 케이블TV 등)
	수선 유지비	각종 시설물 정기 점검 및 수선유지 비용
	승강기 유지비	승강기 유지관리 비용
	조경관리비	조경관리 비용
	소독비	소독 비용
	건물보험료	건물화재보험 및 영업배상책임보험 등 보험료
	하우스키핑	세대 청소 서비스 비용
	기업이윤	기업 일반관리비 및 기업이윤
	수선충당금	각종 시설물의 수선을 위한 수선충당금
세대 사용료 [정산]	공용 에너지비	공용 전기료, 수도료, 급탕비, 난방비, 가스비
	전용 에너지비	세대 전기료, 수도료, 급탕비, 난방비
	세대 수선유지비	세대 시설물 수선 유지비(재료비)
	생활폐기물 수수료	세대 사용 폐기물 수수료
	부대시설 개별사용료	기본 사용 외 추가 사용료 등
의무식비		의무식 비용(20식, 30식, 60식 등)

③ 기타 비용

기본적으로 제공되는 프로그램이 아닌 본인의 희망에 따라 선택해서 참여하게 되는 프로그램 및 서비스 이용에 들어가는 비용을 말한다.

■ 식사 서비스

① 비용

식사비용에는 식재료비를 포함한 식사비용 이외에도 인건비 등의 비용도 포함된다. 노인복지주택의 경우, 식사비용으로 입주자에게 받게 되는 식비에 식사 준비에 필요한 재료비와 기타 인건비 등을 포함하여 운영할 수 있다. 그러나 장기요양기관의 경우는 식비 수입이 아니라 식재료비 수입이기 때문에 오직 식재료를 위해 사용되어야 하고 조리원 급여 및 기타 관리비는 별도 이윤에서 지출되어야 하는 차이가 있다.

우리나라와 달리 일본의 경우 아침, 점심, 저녁의 비용을 다르게 책정하고, 본인의 희망에 따라 식사한 만큼 내는 경우가 다수이다. 이런 방법 또한 향후 운영 방식에 따라 반영할 수 있는 선택지 중 하나이다.

② 제공 서비스

노인복지주택에서의 생활을 계획하면서 의료, 건강 서비스 다음으로 중요하게 생각하는 것이 식사인 만큼 노인의 특성 및 건강에 맞는 저염식, 건강식 식단이 주를 이루고, 경우에 따라 호텔 쉐프 등을 영입하여 고품질의 식사 서비스를 제공하여 입주자 만족도를 높인다.

대부분의 노인복지주택 입주자들이 식사를 비롯한 가사노동에서 해방되기 위해 입주하지만, 입주자들이 만족하지 못하는 서비스 중 손에 꼽는 것이 식사라는 점을 관리주체가 인식할 필요가 있다.

③ 운영

직영을 할 것인지, 외주에 맡길 것인지에 관한 결정을 해야 한다. 기존 노인복지주택의 경우, 직영을 하는 곳은 삼성 노블카운티, 시니어스타워(가양)가 있고, 외주를 통해 운영하는 곳은 더 클래식 500, 노블레스타워 등이다.

노인복지주택의 시설 및 인프라 구성

■ 의료 · 간호

노인복지시설 내 24시간 간호사가 상주하는 건강관리센터의 운영과 함께 응급상황에 신속한 대응이 가능한 체계와 1차 진료가 가능한 의원 병설 여부 및 종합병원과의 연계 수준이 입주자에게는 중요한 선택 포인트가 된다.

기존 노인복지주택에서는 종합병원과의 연계를 통해 입주민을 위한 전용 창구 마련, 건강검진 우대 서비스, 주치의 제도, 관련 진료과 의사와 상담 등의 서비스를 제공하고 있다.

앞으로는 스마트홈 시스템의 연동으로 내 집에서 의사와 소통하며, 진료를 받을 수 있는 환경 마련도 고려해보아야 할 요소이다.

■ 건강 관리

건강 수명 연장을 위해 현재의 건강 상태를 정확히 파악하고, 이를 유지하고 개선하기 위한 공간과 프로그램을 갖추고 있는지가 중요하다. 피트니스, 수영장, 사우나(스파), 골프 등을 즐기면서 건강 관리도 가능한 부대시설과 프로그램 마련은 필수요소라고 할 수 있다.

■ 문화 · 여가

노인복지주택 단지 내 도서관 및 북카페, AV룸, 노래방, 볼링/당구장, 산책로 혹은 쉼터 공간 마련에 아이디어가 필요하다. 쾌적하고 편안한 삶의 공간에서 문화와 여가를 즐길 기회를 수시로 누리며 살고자 하는 욕구를 충족시킬 수 있어야 한다.

배움의 욕구, 나눔의 욕구, 쉼의 욕구 등 입주자의 니즈를 철저하게 파악하고 분석한 결과를 기반으로 실효성 있는 프로그램을 구성해야 한다. 시설 내에서 진행하는 프로그램과 외부의 전시회, 음악회, 미술관람회 등 다양한 기회 마련과 입주자 간의 교류를 위한 커뮤니티 이벤트 기획도 필요하다.

■ 생활편의

리셉션, 컨시어지 서비스, 무인택배함 활용, 주차장, 세대 창고 등을 준비하고, 입주자가 병원, 백화점(마트), 은행 등 다양한 이유로 외출하는 경우 차량 지원 등의 서비스도 필요하다.

■ F&B

입주자를 위한 다양한 편의시설이 노인복지주택의 부대시설로 정의되는지, 리테일로 정의되는지에 따라서 세대당 공급면적에 차이가 있게 되고, 관리비 징수의 여부와도 연계된다.

입주자는 물론 외부 고객을 대상으로 한 F&B를 어느 정도 수준으로 갖출 것인가의 여부가 노인복지주택의 고급화 정도와도 연결될 수 있다. 스카이라운지 형태의 다이닝, 전망대 카페, 스카이 라이브러리 등 여유로운 삶을 영위할 수 있는 공간과 시간을 마련하는 것이 액티브 시니어를 위한 배려이자 노인복지시설 운영을 위한 전략이 될 수 있다.

2020년 이후 설립된 일본의 고급 노인복지주택의 경우 건물 탑 층에 5성급 호텔 레스토랑이 입점하기도 하는 등이 그 뒷받침 사례라고 할 수 있을 것이다.

■ 지역사회 교류 및 사회공헌

커뮤니티케어가 대두되고 있는 요즘, 노인복지주택 개발에 있어서도 지역사회와 교류를 염두에 두어야 한다. 지역주민을 대상으로 사우나, 피트니스 시설 등을 유료로 이용하거나, 이벤트 등을 통해 입주자와 지역주민 간의 교류를 기획하는 등의 노력이 필요하다. 나아가 다세대가 교류할 수 있는 장소로서 활용 가능성도 검토해 볼 수 있다.

부대시설 설치 규정

■ 부대시설 설치 규정

스포츠 시설, 도서관 등 부대시설을 계획할 때, 다음의 표와 같이 관련 법규를 준수해야 한다.

특히, 피트니스센터, 골프장, 수영장 등 스포츠 시설의 경우, 면적 등의 규모에 따라 체육지도자 배치 및 시설 기준 규정이 있어 관련 법규에 따라야 한다.

구분	관련 법규
스포츠 시설	체육지도자 배치기준 및 체육시설업 시설 기준 (체육시설의 설치 이용에 관한 법률 시행 규칙) 체력단련장업(피트니스센터), 골프연습장업(실내 골프장), 수영장업(수영장) 설계 시 면적 고려 • 운동 전용면적 300㎡ 이하: 체육지도자 1명 이상 　운동 전용면적 300㎡ 초과: 체육지도자 2명 이상 • 타석 간 간격 2.5m 이상 • 20타석 이상 50타석 이하: 체육지도자 1명 이상 　50타석 초과: 체육지도자 2명 이상 • 수영조 바닥 면적 400㎡ 이하: 체육지도자 1명 이상 　수영조 바닥 면적 400㎡ 초과: 체육지도자 2명 이상 • 물의 깊이 0.9m 이상 2.7m 이하(어린이용, 경기용 등 예외) 　통로 폭 1.2m 이상, 수영조 전체 조망 감시탑 • 개장 중인 실외 수영장: 간호조무사 1명 이상
작은 도서관 (북카페)	도서관 시설 및 도서관 자료 기준(도서관법 시행령) *정부 지원 가능 법적 기준(작은 도서관 진흥법) • 전용 33㎡ 이상+6석 이상+1,000권 이상
소방법	특수 장소 • 방염대상 물품 시공(블라인드, 커튼, 마감제 등) • 세대, 게스트룸 내 전실 금지(전실 고려 시 스프링클러 반영) • 세대, 게스트룸 내 도어 스토퍼 금지

■ 노인복지주택 편의시설의 종류 및 설치 기준(노인복지법 시행령 별표1)

노인복지주택의 편의시설은 크게 매개 시설, 내부 시설, 위생시설 등으로 구분되는데 출입구 접근로, 장애인 전용 주차구역, 승강기, 화장실, 욕실 등에 대한 설치 기준은 의무사항과 권장 사항으로 나뉜다. 구체적인 내용은 다음의 표와 같다.

편의 시설	매개 시설			내부 시설			위생시설					그 밖의 시설
							화장실					
	주 출입구 접근로	장애인 전용 주차 구역	주 출입구 높이 차이 제거	출 입 구 (문)	복 도	계단 또는 승강 기	대 변 기	소 면 기	세 면 대	욕 실	샤워실 탈의장	객실 침실
의무 여부	의무	의무	의무	의무	의무	의무	의무	의무	권장	권장	권장	권장

■ 주차장 설치 기준

노인복지주택의 주차장은 주택건설기준 등에 관한 규정 제27조에 의거, 세대당 0.3대 이상이어야 한다. 기존 노인복지주택을 보면 대부분 럭셔리급으로 시설을 만들고, 입주 대상 또한 부유층을 대상으로 하고 있어 개발 시에 세대당 1대 이상으로 하고 있으나, 시간이 지나면서 입주자들이 실제 운전을 하지 않는 경우가 많다.

노인복지주택의 상품 특성 및 수요자 특성 ─────

■ 노인복지주택의 상품 특성

노인복지주택은 60세 이상의 건강한 노인으로 수요층이 제한되고, 일반적으로 고가의 상품으로 의사결정에 장시간이 소요되며, 평균 5회 이상 방문 또는 상담 후 결정하는 것이 일반적이다. 즉, 가족 간 공동의사결정 과정이 필요한 상품이라고 할 수 있다. 이러한 특성으로 인해 입주 대상자뿐만 아니라 그들의 자녀들을 대상으로 한 마케팅 전략 또한 중요하다.

또한, 인적 정보 의존도가 높은 상품으로 대중매체를 통한 정보보다는 구전효과, 즉 신뢰하는 지인을 통한 정보의 영향력이 높으며, 지인 간 동반 입소 의지 및 비율이 높은 상품이기 때문에 계약자의 지속적인 유지관리가 중요하다고 할 수 있다. 따라서, 입주고객뿐만 아니라 그들의 자녀들을 대상으로 한 마케팅 전략 또한 중요한 사항이다.

또한, 60세 이상의 건강한 노인으로 수요층이 제한된 주택이라는 점도 중요한 상품의 특성이다.

■ 입주자에 대한 바른 이해

보통 입주자에 대해 60세 이상의 노인(입주자격자)으로만 생각하지만, 노인복지법에 의거 입소자격자의 배우자, 입주자격자가 부양을 책임지고 있는 19세 미만의 자녀·손자녀도 입주자격자와 함께 입소할 수 있다.

반드시 입소자격자에게 임대해야 하며, 노인복지주택을 임차한 자는 해당 노인복지주택을 입소자격자가 아닌 자에게 다시 임대할 수 없다는 사실을 알고 있어야 한다.

■ 수요자의 관심 요소

수요자의 주된 관심 분야는 병원·의료서비스, 운영사의 신뢰도(브랜드), 경제성(분양가, 관리비)이라고 할 수 있다. 그 외에도 1군 건설사가 시공을 담당하는지 여부,

교통의 편의성, 부대시설 및 프로그램의 충실성 등도 중요한 항목이다.

■ 손익분기점을 넘기기 위한 입주 기간

일본의 경우 노인복지주택 입주 후 2년 정도는 입주율이 낮은 경향이 있다. 이는 부대시설 및 서비스 내용의 확인, 가족과의 조정, 입주자 상황, 홍보 등을 검토할 일정한 시간을 요하는 특징에 기인함으로 사료된다. 개발 기획 단계에서부터 이러한 내용을 염두에 두고 마케팅 전략 수립 및 입주 대상 고객과 대면할 수 있어야 할 것이다.

■ 선호 위치

조용하고 한적한 교외 지역을 선호하던 이전 시대와는 달리 60세 이상이 되어도 여전히 사회 참여 및 경제활동을 하는 베이비붐 세대가 주된 입주고객이기 때문에 은퇴 이후라는 시기임에도 불구하고 일은 물론 쇼핑, 의료, 취미, 친교까지 근거리에서 해결할 수 있는 도심의 역세권을 선호한다. 또한, 자녀 거주지의 인근 위치를 선호하는 경우도 많다.

노인복지주택 설치

■ 설치 절차

노인복지주택의 설치는 노인복지법 제33조(노인주거복지시설의 설치) 및 동법 시행 규칙 제16조(노인주거복지시설의 설치신고 등)에 의거하여 진행한다.

노인복지주택을 설치하는 데 있어서 사업주와 건축 담당 부서 및 노인복지담당 부서의 역할을 나누어 정리해보면 다음의 그림과 같다.

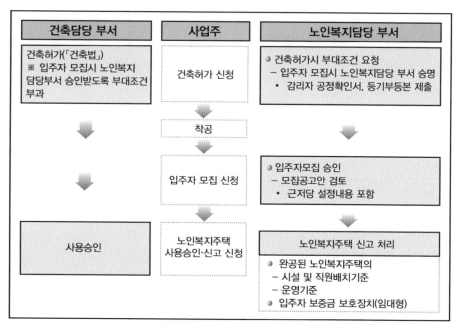

노인복지주택 설치 절차

'건축법'에 의한 건축허가(건축법 제11조)를 받아야 하며, 건축물의 허가권자는 시장, 군수, 구청장(건축 담당 부서)이다. 사업주는 시설 소재지 관할 시, 군, 구청의 건축 담당 부서에 건축허가 신청을 해야 하고, 건축 담당 부서는 건축 관련법에 의하여 건축허가 여부를 검토한다.

건축허가 신청서 검토 시 시, 군, 구청의 노인복지담당 부서는 노인복지주택 입소자의 입소보증금 보호를 위하여 필요한 조치를 강구해야 하고, 시설 설치자가 '노인복지법 시행규칙' 제15조 제8항에 의해 입소자를 모집하고자 하는 경우 입소자 모집공고(안)에 다음과 같은 자료를 첨부하여 노인복지 담당 부서의 승인을 받도록 해야 한다.

- 감리자의 공정확인서: 입소자 모집기준의 충족 여부 확인
- 등기부등본(승인신청일 전 7일 이내에 발급된 것): 등기부등본으로 저당권 설정 여부, 저당권 설정 사유 등 파악

■ 입주 규정

노인복지주택은 아파트가 아닌 준주택으로서 주택법이 아닌 노인복지법의 적용을 받으며, 복잡한 규정 및 법령의 제한으로 운영 시 주의가 필요하다.

입소 자격은 60세 이상 노인이며, 노인복지주택의 소유권 획득자, 즉 계약 대상자와 실제 거주하는 입소대상자 모두 60세 이상의 자이어야 한다.

시설물 관리 면에서는 시설장·사회복지사·관리인을 각각 최소 1인 이상 배치해야 하고 고용 비용은 입주민 관리비로 충당한다.

입주자 모집 공정 기준을 살펴보면, 노인주거복지시설 및 노인의료복지시설의 경우 다음의 표와 같이 건축기준 공정에 따라 모집해야 하지만, 입주자로부터 입주 비용 전액을 받는 노인복지주택은 이 기준에서 제외한다.

■ 설치 관련 법 규정 요약

- 노인복지주택은 '국토의 계획 및 이용에 관한 법률 시행령'에 따라 모든 도시지역(주거지역, 상업지역, 공업지역, 녹지지역)에 건축 가능.
  - 건축물의 용도가 사회복지시설로 분류되어 건축인허가 조건상 부지 확보가 쉽다는 장점이 있으나 별도의 정부 지원은 없음.
- 노인복지법 제55조 2항: 노인복지주택은 '노인복지법'상 노인복지시설로서 사회복지시설이며, 건축물의 용도는 노유자시설로 규정.

- 노인복지법 제32조 3항: 타 사회복지시설과는 달리 노인복지주택의 설치, 관리 및 공급 등에 관하여 '노인복지법'에서 규정된 사항을 제외하고는 주택법의 관련 규정을 준용.
- 사업 승인 절차는 '노인복지법'상 노인복지시설의 설치 공급 관리에 관한 지침을 따름.
- 임대형 노인복지주택을 설치할 경우: 입소자의 보증금 반환 채무이행을 보장.
  - 입소 계약 체결 후 보증금 수납일로부터 10일 이내에 인허가 보증보험에 가입.
  - 보험 가입요건: 보증내용, 입소보증금 반환 채무이행보증, 보증 가입금액(입소보증금 합계의 100분의 50 이상).
- 시설 설치자는 시설을 설치할 토지, 건물의 소유권 또는 사용권을 확보해야 하며, 설치 목적 외의 저당권을 설정할 수 없음. 설치목적에 의한 저당권을 설정하는 때도 저당권의 피담보 채권액과 입소보증금의 합이 건설 원가의 80% 이하여야 함.

■ 시설 기준(노인복지법 시행규칙 제17조)

노인복지주택의 경우, 양로시설(입소자 30명 이상)과 비교하여 요양보호사(자원봉사자)실, 공용 화장실, 샤워실, 세탁장 등의 시설은 설치하지 않아도 되며, 갖추어야 하는 시설 기준은 다음의 표와 같다.

구분 / 시설	침실	사무실	요양보호사 및 자원봉사자실	의료 및 간호사실	체력단련실 및 프로그램실	식당 및 조리실	비상재해 대비시설	화장실	세면장 및 샤워실 (목욕실)	세탁장 및 세탁물건조장
양로시설	○	○	○	○	○	○	○	○	○	○
노인복지주택	○	○		○	○	○	○			
	위의 시설 이외에 식료품점 또는 매점 1, 경보장치 1의 시설을 설치해야 함.									

노인복지주택 직원 배치 규정

■ 직원 배치 규정

노인복지법상에서 규정하고 있는 시설별 직원 배치는 다음과 같다. 시니어주택이라고 불리는 노인복지주택과 양로시설(입주자 30명 이상)을 비교해보면 시설장 1명, 사회복지사 1명, 관리인 1명으로 3명만 규정하고 있는 노인복지주택에 비해 양로시설은 직원 배치에 대한 규정이 상대적으로 엄격하다고 할 수 있다.

따라서 이 사항은 개발 초기부터 입주 대상자 및 입주 목적에 따라 어떤 시설로 설치할 것인지에 대해 충분히 고민해야 하는 포인트이기도 하다.

- 사회복지사는 입소자에게 건강 유지, 여가선용 등 노인복지 제공계획을 수립하고, 복지 증진에 관하여 상담·지도한다.
- 의료 기관과 협약을 체결하여 의료 연계체계를 구축한 경우에는 의사(한의사 포함) 또는 계약 의사를 두지 않을 수 있다.
- 요양보호사는 요양 서비스가 필요한 노인에게 신체활동 지원 서비스와 그 밖의 일상생활 지원 서비스를 제공한다.
- 영양사 및 조리원이 소속되어 있는 업체에 급식을 위탁하는 경우에는 영양사 및 조리원을 두지 않을 수 있다.
- 세탁물을 전량 위탁 처리하는 경우에는 위생원을 두지 아니할 수 있으며, 입소자로부터 입소비용의 전부를 수납하여 운영하는 양로시설의 요양보호사 배치기준은 입소자 20명당 1명으로 한다.
- 모든 종사자는 시설의 장과 근로계약을 체결한 사람이어야 한다.

구분	노인복지주택	양로시설	노인요양시설 (입소자 30명 이상)	비고
시설의 장	• 1명	• 1명	• 1명	• 노인복지주택은 별도의 자격 요건 없으나, 요양시설의 경우 [사회복지사 자격증 소지자 또는 의료법 제2조에 따른 의료인]
사무국장	–	• 1명	• 1명	• 자격 요건 없음
사회복지사	• 1명	• 1명	• 1명(100명 초과시마다 1명 추가)	• [사회복지사 자격증 소지자]
의사 또는 촉탁의사	–	• 1명(의사, 한의사, 치과의사 포함)	• 1명 이상(의사, 한의사, 치과의사 포함)	• 의료기관과 협약 체결하여 의료연계 체계 구축한 경우 의사 또는 촉탁의사 불필요
간호사 또는 간호조무사	–	• 입소자 50명당 1명	• 입소자 25명당 1명	• [간호사 면허증 소지자], [간호조무사 자격증 소지자]
물리치료사 또는 작업치료사	–	–	• 1명(100명 초과시마다 1명 추가)	• [의료기사 등의 법률에 따른 물리치료사 또는 작업치료사 면허 소지자]
요양보호사	–	• 입소자 12.5명당 1명	• 입소자 2.5명당 1명	• [요양보호사 자격증 소지자]
사무원	–	• 1명(입소자 100명 이상)	• 1명(입소자 50명 이상인 경우)	• [영양사 자격증 소지자]
영양사	–	• 1명(1회 급식인원 50명)	• 1명(1회급식 인원 50명 이상인 경우)	• 자격 요건 없음(조리사 자격증 우대 가능)	※ 급식을 위탁하는 경우 고용하지 않을 수 있음
조리원	–	• 2명(100명 초과마다 1명)	• 입소자 25명당 1명	• 자격 요건 없음
위생원	–	• 입소자 50명당 1명	• 1명(100명 초과시마다 1명 추가)	• 자격 요건 없음	※ 세탁물을 전량 위탁하는 경우 고용하지 않을 수 있음
관리인	• 1명	–	• 1명(입소자 50명 이상인 경우)	• 자격 요건 없음

일본의 노인복지주택 사례

선시티 긴자 EAST

■ 선시티 긴자 EAST

소재지	동경도 주오구 쯔키시마 3-27-15
면적	부지면적: 4,714㎡, 건축면적: 2,097㎡, 바닥면적: 39,277㎡
규모 및 구조	지하 1층, 지상 31층, RC구조(일부 S구조, SRC 구조),
세대수	7층~29층(고령자 대응 아파트) 276세대(51.6㎡~76.2㎡), 5·6층(개호형 유료노인주택) 38세대(42.0㎡~94.0㎡), 3·4층 개호 개인실 56실 56 bed(20.65㎡~39.2㎡)
개설	2006년 10월
토지·건물의 권리 형태	사업주체 비소유
사업주체· 운영관리· 임대주	㈜하프 센츄리모어
반환금 제도	있음
거주 권리 형태	임대차
이용료 납부	월세 일괄 사전 납부 방식
입주 시 요건	입주 시 자립, 만 70세 이상(2인 입주 시 2명 모두 만 70세 이상) 동경도 유료노인홈설치 운영 지침에 의한 표시사항*(3층~6층)
유형	개호형 유료노인홈 3층~6층(일반형 특정시설 입주자 생활 개호) 고령자 대응 아파트 7층~29층
거주 권리 형태	이용권방식, 이용료 지불 방식: 사전 입주금 지불 방식
입주 시 요건	혼합형(자립 포함)
개호보험	동경도 지적 개호보험 특정시설 동경도 지정 개호예방 특정 시설
세대 구분	정원 1~2인(친족만 대상이 됨)
개호담당 직원 체제	1.5:1 이상

■ 비용

입주금 (비과세)	1.5~6층(개호형 유료노인주택) 5,412만엔~12,000만 엔 2명 거주의 경우는 추가 입주일시금 1,000만 엔 7층~29층(고령자 대응 아파트) 7,080만 엔~16,800만 엔
관리비 (세 포함)	1인 202,400엔 · 2인 404,800엔(공용부분 등의 수도 광열비, 유지관리비, 사무비, 사무관리 부분의 인건비에 충당)
식비 (세 포함)	98,700엔/1인, 197,400엔/2인 (30일 3식의 경우) (조식: 540엔, 중식: 1,100엔, 석식: 1,650엔) 실제 식사 분에 대한 부분만 지불.
건강관리비 (세 포함)	1인 550만 엔으로 건강상담, 건강검진(연 2회까지)의 비용, 자립자에 대 한 질병 시의 일시적 개호 · 간호 비용으로 55만 엔, 개호인정을 받아「특 정시설 입주자 생활 개호 등」의 이용 계약 체결 후, 개호보험으로 커버할 수 없는 서비스 비용(기본 직원의 배치는 요개호자 1.5대 직접 처우 인원 1 이상)으로 495만 엔. 합계 550만 엔으로 합리적인 산정 근거에 기인함.

■ 세대 평면도

① B-type
- 전용면적: 51.6㎡(15.6평)
- 가격: 7,150만 엔~8,987만 엔(비
  과세)

② L-type
- 전용면적: 69.8㎡(21.1평)
- 가격: 11,880만 엔~15,600만 엔
  (비과세)

■ 선시티가 선택받는 5가지 이유

퍼스널 케어란 무엇인가를 추구하며, 편안한 주거공간, 맛있는 식사, 안정적인 경영 모체, 건강을 위한 의료 및 개호 체계, 직원의 대응이 가능하기 때문이라는 결과를 도출해내고, 이러한 5가지의 분야를 안정적으로 유지하며 운영하고 있다.[1]

■ 시설 전경 및 공용시설

---

1 https://hcm-suncity.co.jp/suncity/ginza/

파크웰스테이트 카모카와(鴨川)

■ 미츠이부동산그룹의 파크웰스테이트

미츠이부동산그룹의 파크웰스테이트는 '미츠이 주거'가 내세우고 있는 높은 수준의 주거환경과 넓은 공용공간, 수준 높은 서비스에 의한 고 퀄리티 생활을 제공함과 동시에 개호가 필요해져도 개호 전용 세대로 옮겨 생활을 지속할 수 있다. 자립 고령자가 새로운 라이프 스테이지를 건강하게 보낼 수 있는 '시니어를 위한 서비스드 레지던스'를 운영하고 있다.

미츠이부동산 레지덴셜주식회사가 토지와 건물을 소유하고 있으며, 운영은 100% 출자 자회사인 미츠이부동산 레지덴셜웰니스 주식회사가 담당하고 있다.[2]

■ 파크웰스테이트 카모가와(치바현 소재)[3]

소재지	치바현 가모가와시(浜荻字鰐口944(地番)の一部他)
면적	대지면적: 26,525.96㎡, 연면적: 47,415.35㎡
일반실면적	40.07㎡~113.73㎡
구조/규모	철근 콘크리트 일반 철골 구조/지상 22층 지하 1층
세대 규모	473실 일반실(409실): 40.07㎡~113.73㎡, 개호실(64실): 25.01㎡~36.82㎡
준공 시기	2021년 7월
개업 시기	2021년 11월
토지 · 건물의 권리형태	임차(소유자: 미츠이부동산 레지덴셜주식회사)
개발 사업자	미츠이부동산 레지덴셜주식회사(도쿄도 주오구소재)
임대주, 운영사	미츠이부동산 레지던셜웰니스주식회사(미츠이부동산 레지던셜주식회사의 100% 출자 자회사) (도쿄도 주오구소재)

---

2 https://www.mfrw.co.jp/parkwellstate/
3 https://www.mfrw.co.jp/bukken/N1702/

파크웰스테이트 카모가와는 2019년 6월 개업한 파크웰스테이트 하마다(70세대)에 이어 파크웰스테이트 시리즈 2호로 자립의 건강한 노인들이 새로운 라이프스테이지를 활력 있게 생활할 수 있는 시니어를 위한 서비스드 레지던스이다.

■ 파크웰스테이트 카모가와의 서비스 특징

카메다 그룹과 파트너십을 맺고 의료 연계, 개호서비스, 건강 서포트 체계를 잘 갖추고 있다. 고도 약 46m의 높은 지대에 세워진 22층 건물에서 바라보는 바다와 하늘, 녹지의 압도적인 전망과 광대한 중정이 특색 있다. 입주자 커뮤니티를 활성화하는 다채로운 공용시설과 IT 기술을 활용한 입주자 포털을 운영하고 있다.

액티브 시니어의 니즈에 맞춰 '나다운' 삶을 보내기 위한 액티비티 플랜을 다양하게 수립하여 운영한다. 지역적 강점을 살려 바다와 푸른 초록으로 꾸며진 아름다운 자연과 좋은 기후의 카모가와에서 액티브 라이프를 즐길 수 있도록 했다.

파크웰스테이트 카모가와 외관

메인 가든 'Kasane'

오션 뷰 다이닝

바 라운지

■ 공용공간

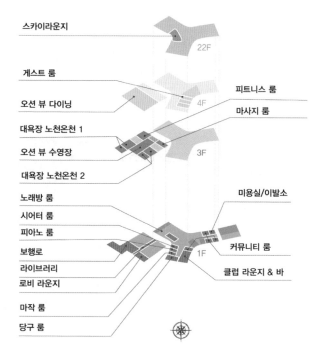

스카이라운지 — 22F

게스트 룸
오션 뷰 다이닝 — 4F — 피트니스 룸 / 마사지 룸

대욕장 노천온천 1
오션 뷰 수영장 — 3F
대욕장 노천온천 2

노래방 룸
시어터 룸
피아노 룸
보행로
라이브러리
로비 라운지
마작 룸
당구 룸

미용실/이발소
커뮤니티 룸
클럽 라운지 & 바 — 1F

■ 비용

월 이용료는 다음의 표와 같이 공익비, 기본 서비스비, 식비가 필요하고, 입주 시 각 세대의 규모에 맞는 입주일시금을 내게 된다.

구분	1인	2인	비고
공익비 (비과세)	60,300엔	60,300엔	공용 시설의 광열비, 상하수도 사용료, 통신비, 청소비 등
기본 서비스비 (세 포함)	97,900엔	152,900엔	생활 상담, 긴급시 대응, 건강 진단 등 그 외 입주자가 안심하고 일상 생활을 보내기 위해서 필요한 운영비·인건비
식사기본료 (세 포함)	27,500엔	55,000엔	레지던스 내 다이닝에서의 식사요금(식사기본료를 웃도는 경우에는, 음식 분의 요금을 추가 지불)
계	185,700엔	268,200엔	

■ 세대 평면도 및 입주일시금

　40A 타입(전용면적 40.07㎡, 약 12평)은 예를 들어 80세인 경우, 1인 입주일시금 2,491만 엔이며, 2인 입주 시에는 1,500만 엔이 추가된다. 75L 타입(전용면적 73.26㎡, 약 22평)은 예를 들어 80세인 경우, 1인 입주일시금 5,587만 엔이며, 2인 입주 시에는 마찬가지로 1,500만 엔이 추가된다.

파크웰스테이트 센리츄오(千里中央)

■ 파크웰스테이트 센리츄오(오사카부 소재)

파크웰스테이트 시리즈 3번째에 해당하는 시설을 오사카 토요나카시에 2023년 개설했다. 파크웰스테이트 토요나카는 북오사카 급행선 센리츄오 역에서 전용 셔틀버스로 약 10분(3.4km)거리, 오사카 중심부까지 접근도 쉬운 곳에 위치하고 있다. 미츠이부동산 레지덴셜이 건물을 개발 후 미츠이 부동산 레지덴셜 웰니스(주)에 건물을 임대하고, 유료노인주택으로 운영한다.[4]

소재지	오사카 토요나카시(大阪府豊中市北緑丘一丁目150番10·11)
면적	대지면적: 17,909.32㎡, 연면적: 45,120.16㎡
구조/규모	철근 콘크리트 구조, 일부 철골 구조/지상 13층
세대 규모	548실 일반실(470실_7종류): 46.60㎡−78.95㎡, 개호실(78실): 23.29㎡
준공(개업) 시기	2023년 봄
토지·건물의 권리형태	임차(소유자: 미츠이부동산 레지덴셜주식회사)
개발 사업자	미츠이부동산 레지덴셜주식회사(도쿄도 주오구소재)
임대주, 운영사	미츠이부동산 레지던셜웰니스주식회사(미츠이부동산 레지던셜주식회사에 의한 100% 출자 자회사) (도쿄도 주오구소재)

세대는 일반 470세대, 개호용 78세대(23.29㎡)로 총 548세대이며, 일반세대의 거주공간은 1LDK와 2LDK(46.6~78.95㎡)의 전 7개 종류로 구성되어 있다. 공용부분은 548세대의 규모감을 활용한 호화로운 엔트런스 홀과 부지 내에는 정원과 옥상정원

---

4 トップ | パークウェルステイト千里中央 | 三井不動産レジデンシャルウェルネス(mfrw.co.jp)

등 자연의 4계절을 느낄 수 있는 공간으로 만들었다. 그 외에도 레스토랑(위탁 운영), 목욕탕, 노천온천, 당구장, 마장 룸, 노래방, 피아노 룸, 라운지, 도서관 등 다채로운 여가 시설을 갖추고 있다. 또한, 이벤트 개최 시에는 외부로부터 직접 출입이 가능한 다목적 홀을 두어, 입주자 간, 입주자와 지역주민 간의 커뮤니티 등을 수시로 개최할 수 있다.

또한, 토요나카시 복지부의 협력을 받아 '어린이 식당'을 정기적으로 개최, '다세대 교류 카페, 런치', '계절 이벤트', '어린이집 아동 교류', '개호예방 세미나' 등을 실시하여 지역교류에 참여할 수 있도록 하였다.

개호 전용 공간에서 제공되는 각종 개호, 간호 서비스는 칸사이 지역에서 개호형 홈이나 그룹홈, 재택개호 서비스 등을 실시하고 있는 ㈜액티브 라이프(오사카 가스 ㈜ 100% 출자)에 위탁한다. 그림과 같이 건물 내에 클리닉을 유치하고, 병원과 연계하여 매일 건강관리에서 응급상황 대응까지 의료체제를 준비하고 있다.

파크웰스테이트 센리츄오 내부 이미지

파크웰스테이트 니시아자부(西麻布) ─────

■ 파크웰스테이트 니시아자부(동경도 소재)

파크웰스테이트 시리즈 4번째에 해당하는 시설은 동경도 미나토구 니시아자부에 2024년 여름에 준공되는 시설로, 동경 중심지에 고층으로 설립되는 곳으로 최상층 (35층, 36층)에는 제국호텔이 운영하는 레스토랑 서비스가 제공된다.

소재지	동경도 미나토구 니시아자부 4-17-1
면적	대지면적: 7,018.51㎡, 연면적: 45,984.97㎡
일반실면적	39.38㎡-142.36㎡
구조/규모	철근 콘크리트 구조, 지상 36층, 지하 1층
세대 규모	421세대(일반세대:361세대＋개호세대:60세대)
준공 시기	2024년 여름(예정)
개업 시기	2024년 가을(예정)
토지 · 건물의 권리형태	임차(소유자:미츠이부동산 레지덴셜주식회사)
개발 사업주	미츠이부동산 레지덴셜주식회사(도쿄도 주오구소재)
임대주, 운영사	미츠이부동산 레지던셜웰니스주식회사(미츠이부동산 레지던셜주식회사의 100% 출자 자회사)(도쿄도 주오구소재)

일반세대는 대표적으로 4가지 타입이 있으며, 58타입, 72타입, 101타입, 130타입 으로 구성된다. 개호세대는 개호형 유료노인주택으로 거주의 권리 형태는 이용권방 식이며, 입주 시에는 자립자만 입주가 가능한 조건이다. 개호 직원의 배치는 1.5:1 이상으로 인력 체제가 갖춰지게 된다.[5]

---

5 トップ | パークウェルステイト西麻布 | 三井不動産レジデンシャルウェルネス(mfrw.co.jp)

파크웰스테이트 니시아자부 조감도 및 개요

　이러한 사례를 통해 도심부 대규모 세대의 고급 노인복지주택 개발에 관한 내용 및 지역사회 및 다세대 교류가 이루어지는 부분 등을 참고하여 한국의 노인복지주택 개발에 있어서도 우리의 상황에 맞게 적절히 적용할 수 있도록 하는 등의 노력이 필요하다.

그랑클레르 타치가와(グランクレール立川) ─────

  토큐 e-Life Design에서는 비교적 최근에 노인복지주택을 개설하여 운영하고 있는 곳으로, 컨셉과 디자인 등을 일관성 있게 설계·개발한 사례에 해당한다. 그랑클레르는 토큐부동산 홀딩스그룹이 오랜 기간 하우스메이커로 쌓아온 노하우와 그룹의 힘을 집약한 시니어를 위한 주거공간이다. 그랑클레르는 영어 GRAND와 스페인어 CREER의 합성어로 커다란 안심이라는 의미를 가지고 있다.[6]

  그랑클레르 노인복지주택은 2023년 가을, 2024년 봄 준공되는 2곳을 포함하여 전체 17개가 있으며, 주로 동경도와 가나가와현에 위치하고 있다. 다음의 그림을 보면 알 수 있듯이 JR중앙선과 동급전원도시선(도큐덴엔토시센) 사이에 그랑클레스의 노인복지주택 다수가 위치해 있음을 알 수 있다.

  여기서는 그랑클레르 타치가와와 그랑클레르 시바우라 두 시설을 소개한다.

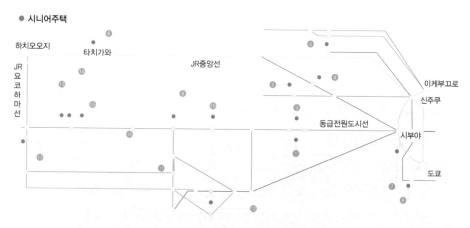

동경권 소재 그랑클레르 노인복지주택 위치[7]

  그랑클레르 타치가와는 2020년 11월에 오픈한 곳으로 컨셉은 와(和＝일본)＋북유럽 모던이며, 컨셉 컬러는 그레이로 구성하여, 액티브하게 외출하고 다시 돌아오고

---

6 https://www.grancreer.com/tachikawa/facilities/
7 https://www.grancreer.com/senior/

싶은 공간으로 꾸몄다.

규모는 지상 6층 건물에 시니어레지던스 91세대, 케어레지던스 40세대 총 131세대로 구성된다. 자립용 시니어레지던스는 1LDK(약 40㎡)를 중심으로, 2인 입주도 가능한 2LDK 외에, 욕조 대신에 샤워 유니트를 설치한 약 28㎡의 1R타입을 4개실 도입하였다. 또한, 전실에 일정 시간 점등이 계속되면 관리사무소에 통보되는 욕실 안전 센서를 설치했다.

케어레지던스는 전 세대 IR(약 18㎡~20㎡)로, 수면센터 '네무리 SCAN'[8]을 표준 장치로 설치하였다. 또한, 시니어레지던스 입주자가 상시 개호가 필요해진 때에는 케어레지던스로 이동해서 살 수 있다.

공용부는 시니어레지던스 부분에 입주자 전용 클레르 다이닝, 목욕탕, 교류 거점이 되는 회원제 컬처 스쿨 '홈 클레르'의 각종 프로그램을 실시하는 클레르 홀 등을 1층에 배치하였다. 클레르 홀은 이용을 입주자로 한정하고 있으나, 코로나 종식 후에는 외부에도 개방, 내외부가 함께 사용할 수 있도록 클레르 다이닝도 런치타임에 한해서 입주자 이외의 홈 클레르 회원에게 개방할 예정이며, 입주자 교류와 외출을 촉진하고자 한다.

케어레지던스의 공용부는 리빙다이닝, 트레이닝 룸, 개별 욕실, 기계욕실, 이미용실 등으로 구성되어 있다.

인원 배치는 2:1 이상, 간호사 24시간 365일 상주하고 있으며, 자립지원 개호를

그랑클레르 타치가와 외관

---

8 네무리SCAN은 침대에 설치한 센서에 의해 신체의 움직임(호흡, 심박 등)을 측정하고, 수면 상태를 파악함으로 생활 리듬의 개선과 건강 상태의 파악할 수 있는 개호로봇의 한 종류임.

케어의 기본 축으로 하며, 영국·스타링 대학의 부속기관인 DSDC(치매개발센터)가 고안한 '치매 친화형 디자인'의 컨셉에 따라 내장 디자인 및 가구를 배치하였다.

■ 시설개요

시설명	그랑클레르 타치가와
소재지	동경도 타치가와시 후지미쵸 2−3−21
교통	JR중앙선 타치가와역 도보 11분
개설	시니어레지던스: 2020년 9월 케어레지던스: 2020년 11월
사업주체/관리·운영	㈜토큐 이−라이프 다지인
유형	시니어레지던스: 주택형 유료노인주택 케어레지던스: 개호형 유료노인주택
부지 면적	2,636.37㎡
구조·규모	철근 콘크리트, 지상 6층 건물
연면적	8,489.43㎡
규모	131실(시니어레지던스 91실/케어레지던스 40실)
개별실 면적 (공간타입)	시니어레지던스(1R, 1LDK, 2LDK)28.89~64.77㎡ 케어레지던스(1R)18.14~20.59㎡
공용시설	[공통] 엔트란스 홀, 루프 테라스 [시니어레지던스] 클레르 다이닝, 프라이빗 다이닝, 목욕탕, 클레르 홀 [케어레지던스] 리빙 다이닝, 트레이닝 룸, 헤어살롱, 개별욕실, 기계욕실
설계, 시공	㈜하세코 코퍼레이션

■ 비용 예시

① 시니어레지던스(1LDK타입_40.46㎡의 경우)

입주일시금 방식 / 82세 입주 상정
• 입주일시금: 30,960,000엔

- 보증금: 774,000엔
- 월세: 258,000엔
- 관리비: 50,000엔(1세대당)
- 서비스비: 110,000엔(1인당)
- 식비: 66,000엔(1인당)

② 케어레지던스(1R 타입_18.30㎡의 경우)

입주일시금 방식 / 86세 상정
- 입주일시금: 381,000엔
- 보증금: 127,000엔
- 관리비: 50,000엔(1실당)
- 서비스비: 110,000엔(1인당)
- 개호서비스비: 88,000엔(1인당)
- 식비: 56,100엔(1인당)

■ 세대 평면도

1LDK(B1)type
전용면적 40.46㎡(약 12.23평)

2LDK(C7)type
전용면적 62.89㎡(약 19.02평)

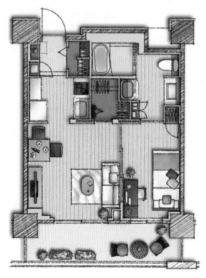

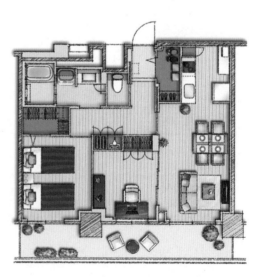

그랑클레르 시바우라(グランクレール芝浦)

그랑클레르 시바우라[9]는 2020년에 개설된 곳으로 내부 디자인은 창고 마을이라는 이미지에서 뉴욕의 브루클린 스타일로 바꾸려고 노력했으며, 가구나 미술 작품은 딱 딱한 재질 중에서도 부드러움이 느껴지는 것을 주로 설치하여 공간 전체의 조화를 이룰 수 있도록 했다.

■ 시설 개요

시설명	그랑클레르 시바우라
소재지	동경도 미나토구 시바우라 4-18-25
교통	JR쿄하마토호쿠선/야마노테선 타마치역 도보 13분
개설	시니어레지던스: 2020년 9월 케어레지던스: 2020년 11월
사업주체/관리 · 운영	㈜토큐 이-라이프 다지인
유형	시니어레지던스: 주택형 유료노인주택 케어레지던스: 개호형 유료노인주택
부지 면적	1,759.61㎡
구조 · 규모	철근 콘크리트(일부 철골), 지상 10층 건물
연면적	8,676.97㎡
규모	140실(시니어레지던스 52실/케어레지던스 88실)
개별실 면적 (공간타입)	시니어레지던스(1LDK, 2LDK)40.05~80.08㎡ 케어레지던스(1R)18.82㎡
공용시설	[공통] 엔트란스 홀, 라운지 [시니어레지던스] 레스토랑, 클레르 홀 [케어레지던스] 리빙 다이닝, 헤어살롱, 재활실, 개별욕실, 중간욕실, 기계욕실
설계, 시공	설계: ㈜INA신건축연구소 / 시공: 토큐건설㈜

1층~10층은 공용부분이며, 6층~9층이 자립자용 시니어 레지던스(52실), 2층~5

---

9 https://www.grancreer.com/shibaura/

층은 요개호자용 케어레지던스(88실)로 총 140실로 구성되어 있다. 케어 레지던스에서는 디자인이나 조명, 바닥의 색, 가구 위치, 거리감 등을 고려하여 치매 입주자가 생활하기 편한 환경을 조성했다.

개별 개호를 통해 삶의 보람까지 지원하겠다는 개호 이념 아래에 4가지 주요 요소인 수분, 운동, 식사, 배설을 중심으로 요개호도를 유지하고 개선을 목적으로 하는 자립지원개호를 실시하는 것 외에도 독자적인 치매 케어 프로그램을 활용하고 있다.

■ 비용

시니어레지던스 (1LDK타입_40.05㎡의 경우)	케어레지던스(1R 타입_18.82㎡의 경우)
입주일시금 방식/80세 입주 상정 입주일시금: 5,516만엔 보증금: 1,149,000엔 월세: 383,000엔 관리비: 50,000엔(1세대 당) 서비스비: 110,000엔(1인당)	입주일시금 방식/86세 상정 입주일시금: 1,866만 엔 보증금: 933,000엔 월세: 311,000엔 관리비: 50,000엔(1실당) 서비스비: 110,000엔(1인당) 개호서비스비: 88,000엔(1인당) 식비: 56,100엔(1인당)_3식 * 30일의 경우

■ 세대 평면도

1LDK(A3)type
전용면적 40.11㎡(약 12.15평)

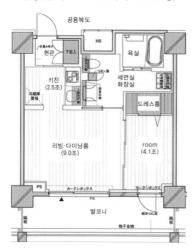

2LDK(B3)type
전용면적 60.42㎡(약 18.30평)

그랑코스모스 무사시우라와(グランコスモ武蔵浦和)

■ 그랑코스모스 무사시우라와[10][11]

소재지	사이타마현 사이타마시 미나미구누마게이치쵸메11번 2호
세대수	160세대
구조 · 규모	철근콘크리트 구조/지상 13층, 지하 1층
부지 면적	19,085.12m²(무사시우라와SKY&GARDEN 전체)
용도 지역	상업지구
분양 후 권리 형태	토지: 전유 면적 비율에 의한 부지 이용권(소유권)의 공유 건물: 구분 소유권
준공 시기	2016년 3월
관리 형태	단지관리: 단지건물소유자에 의한 관리조합에서 주식회사 합인사계획연구소에 위탁/E동관리: 주식회사코스모스 라이프 서포트에 의한 자주관리
시공사	시공(건설, 계약) 시미즈 건설 주식회사
입주일시금 (인도 시 일괄)	1인 입주: 550,000엔(부가세 포함) 2인 이상 입주 시: 330,000엔(세금 포함)
서비스 보증금 (인도 시 일괄)	입주자 1인당 180,000엔 ※퇴거시에 반환함. 단, 입주자가 (주)코스모스 라이프 서포트에 대해 부담해야 할 채무가 있는 경우는 공제 후 반환.
서비스비	(월) 입주자 한 분당 33,000엔(부가세 포함)
가격	44A(3층): 2,880만엔, 44A(7층): 3,200만엔, 44A(9층): 3,280만엔, 44A(12층): 3,650만엔 56C(10층): 4,300만엔, 71H(2층): 5,080만엔, 71H(3층): 5,180만엔
평면	1LDK · 2LDK
전용 면적	44A: 44.00m², 56C: 56.48m², 71H: 71.28m²
관리비/월	44A: 21,880엔, 56C: 28,080엔, 71H: 35,280엔
수선적립금/월	44A: 10,400엔, 56C: 13,400엔, 71H: 16,900엔
발코니 면적	44A: 7.38m², 56C: 9.36m², 71H(2층): 15.84m², 71H(2층 이외): 13.92m²

---

10 https://www.cigr.co.jp/cls/pj/musashiurawa/index.html
11 月刊 SENIOR BUSINESS MARKET 2020년 8월호 6쪽.

■ 개발 배경 및 경위

다이와하우스 그룹의 개발사인 ㈜코스모스이니시어(동경도 미나토구 소재)가 2020년 3월 재개발 사업으로 북해도 삿포로 시내에 2개의 액티브 시니어 분양 아파트를 개발한 사례이며, 'Re-life'를 컨셉으로 인생 100세 시대의 주거형태를 제안하고 있다.

시니어 분양아파트의 기존 실적으로는 2016년 사이타마시에 일반 패밀리용 분양 아파트 등의 재개발 프로젝트(무사시우라와 SKY&GARDEN, 776세대)의 일환으로 '그 랑코스모 무사시우라와(グランコスモ武蔵浦和)'를 지상 13층, 160세대 규모로 개발하였다.

이 프로젝트와 더불어 액티브 시니어를 위한 분양아파트를 전국 규모로 운영하려는 목표를 가지고 ㈜코스모스라이프서포트를 설립했다. 시니어 세대의 일상생활과 관련된 다양한 서비스를 제공하고, 입주자 간 커뮤니케이션과 지역 및 사회와 연계될 수 있도록 지원 활동 등에 관여해 온 경위가 있어, 그 개발, 운영 노하우를 바탕으로 사업을 확대해나가고 있다.

이 사례는 100세 시대에 액티브 시니어들이 다시 자유롭게 즐거운 인생을 설계할 수 있도록 한 걸음 앞서서 자유로운 발상을 하고 있으며, 한 사람 한 사람의 마음을 충족시키는 주거를 제안하고 있다.

■ 세대 평면도

71H 타입(2LDK)

56C 타입(1LDK)

44A 타입(1LDK)

■ 이니시아그랑 시리즈

이니시아그랑 삿포로 이스트[12] （イニシアグラン札幌イースト）	이니시아그랑 삿포로 나에보[13] （イニシアグラン札幌苗穂）
• 부지면적: 1만 1,675㎡ • 건축면적: 6,444㎡ • 연면적: 3만 1,290㎡ • 전용면적: 41.63~82.44㎡ • 지상 14층, 총 세대 수: 202세대 • 준공: 2021년 11월 • 소유권형 시니어 분양아파트	• 부지면적: 7,531㎡ • 건축면적: 3,853㎡ • 연면적: 3만 2,873㎡ • 전용면적: 44.37~70.02㎡ • 지상 13층, 총 세대 수: 77세대 • 준공: 2022년 3월 • 소유권형 시니어 분양아파트

두 시설 모두 부대시설로는 목욕탕, 카페 다이닝, 게임룸 등을 설치하였으며, 이 프로젝트 역시 커뮤니티 형성을 위한 이벤트도 프로그램에 포함하고 있다.

그 외에도 후쿠이현, 후쿠오카현의 역전 재개발 프로젝트를 진행하며, 상업과 의료 공공기능 등이 일체화 정비되어, 다세대 거주를 지향하는 시가지 재개발 사업에 친화성 높은 액티브 시니어용 분양아파트를 적극적으로 공급할 방침이다.

12 https://www.cigr.co.jp/pj/shinchiku/A70004/
13 https://www.cigr.co.jp/pj/shinchiku/A70002/

한국의 노인복지주택 사례

더 클래식 500

■ 더 클래식 500

더 클래식 500은 유료양로시설로 지하철 2호선 건대입구역에 가까이 있으며, 소득 상위 1%를 대상으로 하는 고급화 전략으로 운영 중이다. 보증금 및 월 생활비는 9억 원에 약 500만 원(세대당) 수준이고, 계약 기간은 1년~3년이다.

'대한민국 성공 1세대의 커뮤니티 구성(Private Senior Society)'이라는 컨셉으로 380세대에 56평형(183.76㎡) 단일 Type이며, 최고급 Wellness 및 부대시설을 보유하고 있는 더클래식500은 다양한 컬쳐 이벤트 및 클럽 프로그램을 통해 입주민 교류의 장을 제공하고 있다.

  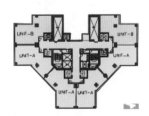

■ 부대시설 및 제공 서비스

① 부대시설

건국대학교병원 연계 건강관리센터 및 24시간 열린 의원이 있고, 웰니스(Wellness) 시설로 스파, 피트니스, 골프연습장, 수영장 등이 있으며, 문화 공간으로는 영화감상실, 도서실, 게임룸, 노래방 등이 있다. 또한, 입주자 전용 레스토랑 및 외부 고객도 이용 가능한 레스토랑 2개, 카페 4개가 있다.

② 제공 서비스

원스탑 메디컬 서비스(12명 간호사 상시 대기)로 예방관리(낙상, 암, 인지기능, 대사증후군 등), 간호 서비스, 응급 케어, 운동/물리치료, 건강검진, 영양 관리, 건강학교 등 특별 의료 프로그램을 제공하고 있다.

생활 편의를 위해서는 하우스키핑(가사도우미), 퍼스널 컨시어지, 발렛 파킹, 택배/우편 등의 원스탑(One-Stop) 호텔식 서비스를 상시 제공하며, 웰빙(Well-being) 식사 서비스는 회원 전용제 레스토랑에서 이용할 수 있다.

이외에도 여가 활동을 위해 다수의 동호회(클럽 프로그램) 및 25개 문화 프로그램(댄스, 스포츠, 미술, 합창단, 바둑, 서예, 인터넷, 스마트폰 사용법 등)을 운영하고 있다.

입주 시 건강한 60세 이상을 대상으로 하고 있어, 계약 전 건강평가를 위해 건강검진 결과지, 결핵 및 B형간염이 없음을 진단한 진단서 또는 소견서와 80세 이상의 경우는 인지기능 검사결과지를 제출해야 한다.

■ 비용

임대료 개념의 월 이용료는 1년 계약 시 170만 원, 2년 계약 시 138만 원, 3년 계약 시 124만 원으로 차등 적용하고 있다.

공동 관리비는 전 세대 동일하게 243만 원이고, 의료지원 서비스, 여가 지원 서비스, 기타 서비스를 제공한다. 단, 부대시설 중 스포츠시설은 회원제 유료로 운영하고 있다. 피트니스 멤버십(피트니스, 스파, 골프, 야외 수영장 등)은 입주민의 90%가 가입되어 있고, 입회 보증금(3,800만 원)은 입주민 면제이며, 연간 이용료는 1인 약 330만 원 수준이다.

세대 관리비는 30만 원 별도 부과되며, 전기, 가스, 수도 요금 및 인터넷, 케이블 방송 이용료가 포함된다. 단, 세대 사용량에 따라 변동이 발생할 수 있다.

식비는 월 260,000원(20식 의무식 기준)이며, 매년 인건비 및 물가 인상률에 따라 운영간담회를 통해 관리비 및 식비는 조정된다.

삼성노블카운티

■ 삼성노블카운티

삼성노블카운티는 경기도 용인시에 소재하고 있으며, 2001년에 개설된 곳으로 노인복지주택과 노인요양시설을 병설하여 운영하고 있다. 지상 20층, 지하 3층 규모의 건물 2동으로 이루어져 있고, 전체 555세대로 15평형에서 36평형까지 10개 타입으로 되어 있으며, 평형별로 2.3억 원에서 11.2억 원 수준의 보증금이 책정된 고급형 노인복지주택이다.[1]

도시 근교 생활권으로 자연환경에 강점이 있으나 대형병원 접근성은 떨어지며, 광범위한 부지를 바탕으로 지역주민을 위한 부대시설을 보유하고 다양한 서비스를 제공하고 있다.

■ 부대시설 및 제공 서비스

부대시설 중 스포츠 시설로는 수영장, 사우나, 에어로빅, 피트니스, 골프장, 배드민턴장, 농구, 테니스, 배구, 탁구, 스쿼시, 라켓볼 등을 이용할 수 있는 공간이 마련되어 있다.

문화시설로는 영화감상실(32석), 프로그램실(4개), 컴퓨터실, 라운지 휴게실, 복지시설(사무실), 상담실, 커뮤니티룸, 홍보관, 전시관 등이 있다.

일상생활 서비스로는 하우스키핑(주 2회), 청소, 침구류 세탁(주 1회), 컨시어지 서비스, 프론트 서비스(주거동 1층), 셔틀버스 운행 등이 있다. 건강관리 서비스로는 24

---

1 삼성노블카운티 홈페이지
  (https://www.samsungnc.com/kor/noble-county/senior-town/general_service.html)

시간 응급 대응(엠블런스 보유), 간
호 상담, 무료 정기 건강검진 등이
있다. 문화생활 센터 내 클리닉에
서는 신경과, 내과, 재활의학과 진
료가 가능하며, 삼성서울병원, 서
울대병원, 아주대병원 등과 진료
연계를 맺고 있다.

　프리미엄 세대 전용서비스로는 너싱서비스를 유료로 제공하고 있으며, 프리미엄
건강 서비스, 허약 회원 전용 공간으로 운영하고 있다. 이외에도 입주민과 지역주민
이 공유하는 스포츠센터와 문화·뇌 건강 센터 운영으로 노인복지주택 입주민과 지
역 사회교류 활성화, 에이지 혼합 다양화를 추진하고 있다.

■ 비용

　1인 기준이며, 보증금은 평형별 상한액이고, 월 생활비는 90식 80만 원이 포함된
금액이다.

구분		15평(50㎡) A/B동	18평(60㎡) A동	23평(76㎡) A동	28평(93㎡) A/B동	36평(119㎡) A/B동
보증금		3.1억 원	4.7억 원	6.0억 원	7.3억 원	11.2억 원
월세		75만 원	75만 원	75만 원	75만 원	75만 원
월 생활비	1	249만 원	268만 원	304만 원	327만 원	368만 원
	2	427만 원	446만 원	482만 원	505만 원	546만 원

■ 너싱홈 및 너싱서비스

　삼성노블카운티 너싱홈을 별도로
설치하여 운영하고 있으며, 너싱홈
입소자를 위한 전용 동선을 확충하
여 운영 및 관리 편의성을 제고하였
다. 입주민들의 평균 나이가 80세 이
상으로 너싱홈 입주자 대부분 후기

고령자로 구성되어 있다.

1인실에서 4인실로 구성되어 있으며, 1인실의 경우 보증금 1억 원, 월 생활비 약 700만 원 수준이다.

프리미엄 세대(공급 32, 36, 40, 52, 56-76세대/저층부 혼합 구성)는 독립생활이 가능한 타워동과 24시간 전문 간호를 받을 수 있는 요양센터의 중간단계에서 생활하는 곳이라고 할 수 있다. 직원은 전담 사회복지사 및 간호사가 배치되어 있고, 공동 간병인이 24시간 케어한다. 월 생활비는 건강 등급에 따라(1등급: 92만 원, 2등급: 107만 원, 3등급: 117만 원) 케어 비용을 추가 부과한다.

■ 반액상각식

반액상각식은 보증금의 반액을 일정 기간 동안 상각하는 방식으로 나이에 따라 보증금의 상각 기간(75세 이상 15년, 70~74세 20년, 70세 미만 25년)을 다르게 적용한다.

반액상각식은 다수의 입주자가 비선호하는 경향이 있다. 계약 기간 동안 보증금 인상이 없다는 장점이 있으며, 일반관리비에는 가사서비스, 건강검진, 스포츠 문화센터 등 부대시설 이용료(50% 할인)가 포함되어 있다.

더 시그넘 하우스

■ 더 시그넘 하우스

더 시그넘 하우스는 서울시 강남구에 소재하고, 총 170세대로 독신자형 25세대, 겸용(1.5룸) 105세대, 부부형(2룸) 40세대로 구성되고, 평형별로 3.6억 원~8.9억 원 수준의 보증금을 책정한 고급형 노인복지주택으로 계약은 4년 단위로 갱신한다.

강남 생활권의 삼성서울병원, 아산병원 등 전문 의료 인프라를 확보하고 있으며, 내부 부대시설도 다양하게 갖추고 있어 입주자들에게 고품질의 편의를 제공하고 있다. 더 시그넘 하우스 내부의 부대시설은 외부 이용이 제한된다.

■ 부대시설 및 제공 서비스

부대시설은 로비층과 지하 2층에 배치되어 있으며, 로비층에는 피트니스, 골프연습장, 건강 체조실, 당구장, 사우나, 레스토랑(식당), 라운지 및 북카페, 놀이방, 연회실, 물리치료실, 클리닉, 운동처방실, 스킨 케어룸 등이 있고 지하 2층에는 다목적실, 영화관, 의료복지실 등으로 구성되어 있다.

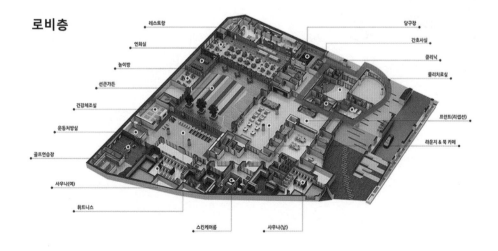

■ 비용

세대의 규모에 따라 관리비와 식비를 포함한 1인 월 생활비는 180만 원에서 321만 원까지 다양하며, 세대별 관리비는 약 10만 원(월), 식비는 월 60식을 기준으로 했을 때 1인 624,000원이다.[2]

구분	11평(38㎡)	15평(52㎡)	18평(60㎡)	22평(72㎡)	25평(84㎡)
보증금	4.4억 원	5.6~4.4억 원	7.3억 원	8.7~8.8억 원	10.5억 원
일반 관리비	130만 원	160만 원	180만 원	235만 원	259만 원
세대 관리비	약 10만 원				
식비	62.4만 원				
합계	180만 원	222만 원	242만 원	297만 원	321만 원

■ 너싱홈

AIP의 실현이 가능하도록 후기고령자를 위한 노인요양시설을 병설하여, 24시간 집중 케어가 필요한 입주자를 대상으로 운영하고 있으며, 1인~2인실로 60실(26㎡)을 운영 중에 있다. 보증금은 5천만 원이며, 월 생활비는 약 600만 원 수준이다.

너싱홈과 자립형 주거시설 간의 동선은 철저히 분리되도록 설계하여 그림과 같이 노인복지주택 입주민과 너싱홈 입소자의 이용 시설이 완전히 분리된 형태로 운영하고 있다.

---

2 http://www.signumhaus.com/main/newpage.php?f_id=entry_01

서울시니어스 가양타워

■ 서울시니어스 가양타워

서울시니어스 가양타워는 서울시 강서구에 소재하고, 전체 350세대로 26가지 타입의 세대가 있으며, 독신자형(12~16평형) 42세대, 겸용형(20~50평형) 350세대로 구성되어 있다. 세대 규모에 따른 보증금은 1.9억 원~9.4억 원으로  편차가 큰 편이며, 또한, 시설 내에 의료진이 상주하고 있으나, 의료서비스가 연계된 서울송도병원이 서울시 중구에 소재해 있어 접근성 측면에서 한계가 있다.

■ 부대시설 및 제공 서비스

건강 및 운동 시설로는 건강 클리닉, 피트니스, 사우나, 수영장 등이 있으며, 후기 고령자를 위한 재활치료센터, 물리치료실 등이 별도로 마련되어 있다.

문화 여가 시설로는 영화 감상, 공연 및 세미나 진행 등이 가능한 노인 전용 문화 공간 및 유니버셜디자인 측면을 고려하여 좌석 주변에 충분한 공간을 확보하고 있다. 부대시설의 선택 비용 제도 운영으로 6개 사업장 중 대기 수요가 가장 높다.

■ 비용

식대 45만 원(월 60식)을 포함한 월 생활비는 세대 규모에 따라 92만 원에서 185만 원 수준이며, 비용은 다음과 같다.

구분	12평(39㎡)	25평(84㎡)	31평(108㎡)	35평(118㎡)	50평(164㎡)
보증금	1.9억 원	4.6억 원	5.7억 원	6.5억 원	9.4억 원
월 관리비	47만 원	80만 원	96만 원	107만 원	140만 원
식비	53만 원				
합계	92만 원	125만 원	141만 원	152만 원	185만 원

세대 사용료는 세대 내 난방비, 상하수도비, 전기세, TV 수신료, 세대 소모품 교체 등 실비 대행, 세탁 서비스(하우스키핑 직원이 대행) 등 별도 부과하고 있고, 일반 관리비는 공급 평당 4만 원 수준(인건비, 건강관리비, 부대시설 유지 보수비, 소모품비, 화재보험료 등)이다.

건강관리비는 1인당 월 75,000원(연 1회 송도병원 건강검진, 응급상황 대기 간호사 3교대 인건비 등 반영)이고, 기타 월 9만원 수준의 사우나, 수영장, 휘트니스가 있다.

■ 너싱홈

앞선 너싱홈 사례들과 다르게, 노인복지주택과 별도로 법인(시니어스 너싱홈)을 설립하여 너싱홈을 56실을 1인~2인실로 운영 중이며, 장기요양 등급을 받고 요양급여 지급대상인 입소자가 대다수를 이루고 있다. 1등급의 경우 1인실 기준 월 요양급여 173만 원, 본인 부담 43만 원으로 약 210만 원 수준이다.

너싱홈 입소자 이용시설 및 서비스를 분리하여 노인복지주택 입주민과 생활공간 중복을 최소화하여 운영하고 있다. 또한, 너싱홈 이외에도 주·야간보호센터를 운영하며 사업영역을 확대해 나가고 있다.

마리스텔라

■ 마리스텔라

마리스텔라는 독신자 및 부부의 입주 단위에 관계없이 두 개의 평형 세대를 구성하고 있으며, 보증금 2.5억 원~4억 원 수준으로 비교적 낮은 가격대를 형성하고 있다.

도심에서 다소 떨어진 근교 생활권에 위치해 있으나, 가톨릭관동대학교 국제성모병원과 직접 연결되어 있어 의료 접근성 측면의 차별화된 강점을 보유하고 있다.

■ 부대시설 및 제공 서비스

① 의료시설 및 서비스

24시간 간호사실 운영은 물론, 국제성모병원 연계 서비스(건강강좌, 맞춤형 상담 등 전문 서비스)를 제공하고 있으며, 실내 연결 통로로 이동할 수 있다.

② 건강, 운동 시설

100세 건강센터를 운영하여 입주민 전용 피트니스 및 물리치료, 사우나 등의 서비스를 제공하고 있다.

③ 문화 여가 서비스

취미 및 프로그램실에서 다양한 강좌를 제공하며, 당구장, 노래방, 동호회 등을 운영하고 있다. 종교법인인 만큼 내부에 의료·운동·문화시설 이외에 종교시설(대성전 등 천주교 행사 전용 시설)을 추가로 배치하고 있다.

■ 비용

1인 기준이며, 월 세대 요금(전기, 수도, 난방 요금 등)은 별도 부과한다.
24평형 기준 2인 생활비는 1인 합계의 약 15% 추가 부과되는 수준이다.

구분	24평(79㎡) A타입, 3년	25평(79㎡) A타입, 6년	35평(115㎡) B타입, 3년	35평(115㎡) B타입, 6년
보증금	205억 원	2.8억 원	3.6억 원	4억 원
임대료	32만 원	32만 원	45만 원	45만 원
생활비	79만 원	79만 원	120만 원	120만 원
식비	32만 원(월 45식 기준)			
합계	143만 원	143만 원	197만 원	197만 원

■ 너싱홈

별도 법인으로 너싱홈(성모요양원)을 설립, 48실을 운영하고 있으나 장기요양등급 판정을 받은 고령자만 입소 가능하여 전반적인 시설 및 서비스가 타 너싱홈 대비 낮은 수준이라고 할 수 있다.

그러나 국제성모병원과 연계 서비스로 물리치료 등의 의료서비스 및 웃음치료, 원예치료, 음악치료 등의 프로그램을 이용할 수 있다는 장점이 있다. 1인실~4인실이 있으며, 비용은 1등급 1인실 기준 월 요양급여 125만 원, 본인 부담 43만 원으로 약 170만 원 수준이다.

굿네이버스 미래재단 배곧시니어타운 ───────

■ 시니어 주거공동체모델의 가치

굿네이버스는 미래재단을 만들고 사회의 흐름에 맞춰 다세대 교류 및 스마트 헬스케어 시스템을 도입한 노인복지주택을 구상하고 있다.[3]

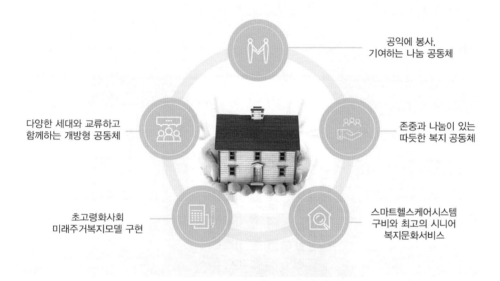

- 공익에 봉사, 기여하는 나눔 공동체
- 다양한 세대와 교류하고 함께하는 개방형 공동체
- 존중과 나눔이 있는 따뜻한 복지 공동체
- 초고령화사회 미래주거복지모델 구현
- 스마트헬스케어시스템 구비와 최고의 시니어 복지문화서비스

■ 사업 배경 및 목표

첫째, 다가올 초고령화사회를 대비하여 은퇴 이후 개인의 건강한 삶 유지와 지속적인 사회적 가치 실현을 위해 기존의 대규모 시니어타운과 달리 소규모 또는 적정규모에 시니어타운을 조성하여 사회와의 교류를 활성화한다.

둘째, 구성원 간 친밀도를 높여 따뜻한 공감과 소통, 위로와 격려가 있는 생활공

───────

3 굿네이버스 미래재단 홈페이지(http://www.gnmirae.or.kr/biz/house.gn)

동체로 한국형 공동체 모형의 시니어타운을 기획하여 확산한다.

셋째, 우리 사회의 봉사와 나눔을 실천하는 액티브 시니어들의 공동체를 구성하여 미래형 주거복지모형을 구현한다.

■ **사이트 개요**

- 경기도 시흥시 배곧동 18-12
- 면적: 1,600㎡(484평)
- 용적률: 300% 미만, 건폐율: 60% 미만
- 층수: 지하 2층, 지상 7층
- 세대 규모: 56세대
- 허용 용도: 노유자시설, 근린생활시설, 병원 등

■ **조감도**

더 시그넘 하우스 청라

인천시 서구 청라동에 대지면적 4.177.9㎡, 연면적 16,916㎡, 지하 3층, 지상 9층, 138세대 규모로 설립된다.

강남에 위치한 더 시그넘 하우스가 성공사례로 자리매김하면서, 6년의 운영 노하우를 바탕으로 2호점을 기획하게 된 사례이다.

더 시그넘 하우스 청라의 특징으로는 160석 규모의 대강당을 마련하여 평상시 영화관람 및 종교 모임 등 다양한 행사가 가능한 점과 스마트 워치를 활용하여 건강관리 및 응급 대응 시스템을 구축할 예정이라는 점이 있다.

더 시그넘 하우스 청라 주변으로 청라호수공원, 베어즈베스트 청라 GC 등 여러 개의 골프장, 스타필드 청라(2023년 완공 예정), 대학병원, 아산병원 의료 복합센터(2025년 개설 예정) 등이 설립될 예정이며, 기존 상가 지구에는 다양한 진료과별 의료시설 등 생활 인프라가 잘 갖추어져 있다.

강남 더 시그넘 하우스 대기자가 100명을 초과한 상태로 2호점이 될 더 시그넘 하우스 청라에도 거는 기대가 크다.

VL 오시리아 라우어

    VL 오시리아는 기장군 기장읍 일대 해변 약 366만㎡를 개발하는 오시리아 관광단지 내에 위치하고 있으며, 노인복지주택과 노인요양시설, 시니어레지던스, 한방병원, 메디컬 센터 등을 함께 개발하고 있다. 오시리아 관광단지는 롯데 프리미엄 아울렛, 이케아, 아난티·힐튼호텔, 롯데월드 등으로 구성되어 있어, 노인복지주택을 리조트와 같은 느낌으로 문화 및 여가를 즐길 수 있는 환경이 조성되어 있다고 할 수 있다.

    VL 오시리아는 전체 574세대로 20평에서 45평까지 7가지 유형이며, A0타입(20.3형, 2세대), A1타입(25.6형, 58세대), A2타입(27.6형, 120세대), B1타입(36.4형, 60세대), B2타입(35.0형, 120세대), B3타입(32.9형, 120세대), C1타입(44.7형, 60세대)로 구성된다. A0에서 A2타입은 1.5룸 형태이며, 나머지는 2룸 구조이다.

사업명	라우어
대지위치	부산광역시 기장군 오시리아 관광단지 마8(메디타운)
용지	기장군 기장읍 당사리 530번지 일원
대지면적	61,031.7000㎡
건축면적	21,381.4421㎡
연면적	199,715.8978㎡
지역, 지구	제2종 일반주거지역, 지구단위계획구역, 관광단지(휴양문화시설지구)
용도 및 규모	노유자시설(노인복지시설), 의료시설(한방병원), 근린생활시설(의원 등) 지상 18층, 지하 4층
건폐율	37.483%
용적률	198.732%

■ 세대 평면도

① A2타입(27.6형, 120세대)

A2 Type	총 120세대(27.6형)
전용면적	64.4874㎡
공급면적	91.2052㎡
기타공급면적	44.0834㎡
계약면적	135.2886㎡
천장고	2.5m

② B2타입(35.0형, 120세대)

B2 Type	총 120세대(35.0형)
전용면적	81.8908㎡
공급면적	115.8190㎡
기타공급면적	55.9803㎡
계약면적	171.7993㎡
천장고	2.5m

VL르웨스트

VL르웨스트는 서울시 강서구 마곡에 개발하는 노인복지주택으로 호텔급 라이프 서비스(호텔급 식사, 컨시어지 서비스 및 하우스키핑, 원스탑 콜센터 운영 등)를 이용할 수 있으며, 반려동물과 동반 입주가 가능하다.

지리적으로 공항이 가깝고, 지하철 마곡역, 마곡나루역에 근접해 있어 이용의 편의성이 있다. 또한, 코엑스 2배 규모의 MICE복합단지, 아시아 최대 규모의 생태 보타닉 공원 등이 조성되고, 롯데그룹 연계 프로그램 등을 활용하여 노인복지주택 이외에도 문화, 여가 생활이 가능할 것으로 보인다.

또한, 이화여자대학교 서울병원과 연계를 통해 VL르웨스트 입주민을 위한 전용 창구 마련 등 원스탑 의료서비스를 제공할 예정이다.

VL르웨스트는 VL 오시리아 라우어와 마찬가지로 호텔롯데가 노인복지주택 운영 및 관리에 대한 경영 자문 용역을 제공하는 형태로 사업을 진행하며, 시공은 롯데건설에서 맡는다.

사업 개요는 다음의 표와 같다.[4]

단지명	VL르웨스트
위치	서울 강서구 마곡도시개발사업지구 내 CP3−1
규모	대지면적 4,600평, 연면적 47,000평
시설 규모	지하 6층, 지상 15층 4개동, 총 810세대
사업 의의	복합개발 단지 내 프리미엄 노인복지주택(국내 최대 규모)
사업 형태	도급사업
입소예정일	2025년 10월

---

4 VL르웨스트 홈페이지(https://www.lottecastle.co.kr/APT/AT00389/13350/summary/view.do)

■ 조감도 및 투시도

■ 단지 배치도

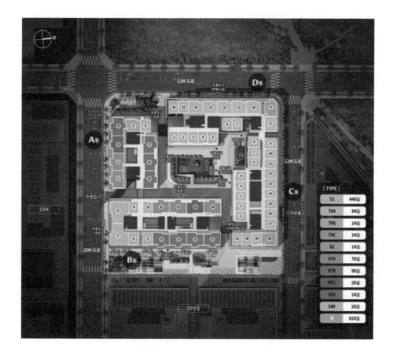

■ 타입별 입주보증금 및 임대료

타입	공급실수	구분	표준형		전환형	
			입주보증금	월임대료	입주보증금	월임대료
51	446	최저	6억	115만	7.38억	–
		최고	6.18억	119만	7.61억	–
79A	84	최저	9.35억	180만	11.51억	–
		최고	9.48억	183만	11.67억	–
79B	14	최저	9.42억	181만	11.59억	–
		최고	9.51억	183만	11.71억	–
79C	14	최저	9.47억	182만	11.65억	–
		최고	9.56억	184만	11.77억	–
81	14	최저	9.65억	186만	11.88억	–
		최고	9.75억	188만	12.억	–
97A	70	최저	11.65억	224만	14.34억	–
		최고	11.96억	230만	14.72억	–
97B	98	최저	11.62억	224만	14.31억	–
		최고	11.74억	226만	14.45억	–
97C	28	최저	11.62억	223만	14.30억	–
		최고	11.92억	230만	14.68억	–
103	14	최저	12.46억	239만	15.33억	–
		최고	12.58억	243만	15.49억	–
149	28	최저	18.12억	248만	22.3억	–
		최고	18.39억	354만	22.64억	–

청라메디폴리스 노인복지주택

■ 사업 구성 및 컨셉

청라 의료 복합단지는 종합병원, 의료·바이오 연구시설, 주거·상업 시설 등을 갖춘 대규모 메디컬 단지로 설립된다.

아산병원 컨소시엄(서울아산병원, 우미건설, 하나은행, 카이스트, KT&G , HDC, 도우씨앤디, 액트너랩 등)이 우선협상 대상자로 선정(2021년 7월)되어, 26만 1,635㎡ 규모 부지에 건설 예정이며, 사업비 2조 4,000억 원 투입을 예상한다.

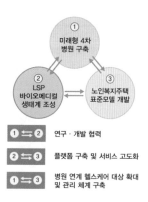

■ 의료 복합단지의 구성(안)

① 메디컬 클러스터: 아산병원(800병상(안)), 메디텔

② 바이오 R&D 클러스터: Life Science Park(LSP), 창업, 교육, R&D 시설

③ 시니어 클러스터: 노인복지주택(1,100호(안)), 너싱홈(안)

④ 리빙 클러스터: 오피스텔 주거공간, 기타 판매시설 등

■ 특징

전체 커뮤니티 내에 최상위 교육 기관에 의한 교육환경이 마련되어 있으며, 전체 생애주기별 케어 시스템을 갖추고 있어, 지역주민 대상 건강관리 및 저소득, 취약계층의 수술비 지원 등도 계획하고 있다. 즉, 커뮤니티 안에서 수준 높은 교육과 풍성한 문화를 통해 건강한 삶을 영위할 수 있다.

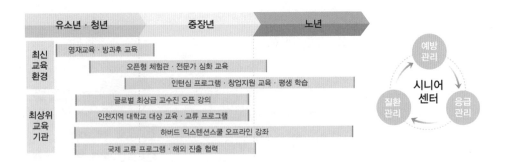

■ 조감도

부 록

일본의 유료노인주택 중요사항설명서 양식 ─────

有料老人ホーム重要事項説明書

作成日　平成　　　年　　　月　　　日

1　事業主体概要

事業主体名	
代表者名	
所在地	
基本財産・資本金	
主な出捐者・出資者とその金額	
他の主な事業	

2　施設概要

施設名	
施設の類型及び表示事項	
介護保険の指定居宅サービスの種類　注1	
施設長(施設の管理者)名	
開設年月日	
所在地・電話番号	
交通の便	
敷地概要(権利関係)	
建物概要(権利関係)	
居室　(一般居室・介護居室),　一時介護室の概要	一般居室　　　　　　　　　　　室　定員　　　　　人 　　最多　　　　　　m² (　　　　m²～　　　　m²) 介護居室(全室個室)　注2　　　室　定員　　　　　人 　　最多　　　　　　m² (　　　　m²～　　　　m²) 介護居室(相部屋あり)　注3　　室　　定員　　　　人 　　人部屋　　　　　m²　ベッド数　　　　　床 一時介護室　　室 (　人部屋　室) ベッド数　　　床 　　　　　　人部屋　　　　　m²

浴室，食堂，機能訓練室の概要	
共用施設概要	
緊急通報装置等緊急連絡・安否確認	

注1）介護保険法第７０条の規定により指定された居宅介護サービスの種類(居宅介護支援を含む)を記入。

注2）介護居室が全室個室の場合に記入。

注3）介護居室が全室個室でない場合に記入。

3　利用料

費用の納入方式								
入居一時金 （介護費用の一時金を除く）	人入居の場合　　万円　～　　万円（最多　　万円台　　戸） 人入居の場合　　万円　～　　万円（最多　　万円台　　戸）							
	使途							
	解約時の返還金							
介護費用の一時金								
	解約時の返還金							
月額利用料	人入居の場合　　　　　　　円　～　　　　　　円／月 人入居の場合　　　　　　　円　～　　　　　　円／月							
	内訳	管理費						
			使途					
		食費						
		介護費用 （介護保険に係る利用料を除く）						
		光熱水費						
		家賃相当額						
		その他						
		改定ルール	．					
介護保険に係る利用料								
一時金の返還金の保全措置 ・銀行保証の有無及び内容 ・その他の保全措置の有無 及び内容	有（　　　　　　　　　　　　　　）　　　　　　無 有（　　　　　　　　　　　　　　）　　　　　　無							
損害賠償額の予定の定めの 有無及び内容	有（　　　　　　　　　　　　　　）　　　　　　無							
消費税								

4 サービスの内容

入居一時金(介護費用の一時金を除く)に含まれるサービス	
月額利用料(介護費用の一時金を除く)に含まれるサービス	
ホームが提供する介護サービスの内容，頻度及び費用負担	別添「介護サービスの一覧表」による
上記以外の別途費用負担の必要なサービス	
苦情解決の体制	
損害賠償	

5 介護を行う場所等

要介護時(痴呆を含む)に介護を行う場所		
入居後に居室又は施設を住み替える場合	一時介護室へ移る場合 (判定基準・手続，追加費用の要否，居室利用権の取り扱等)	
	介護居室へ住み替える場合 (同上)	
	他のホームへ住み替える場合 (同上)	

6 医療

協力医療機関(又は嘱託医)の概要及び協力内容	
入居者が医療を要する場合の対応	

7 入居状況等

入居者数及び定員	人　　(定員　　　　　人)

入居者内訳	性別	男性 人, 女性 人		
	介護の要否別	自立 人 要支援 人		
		要介護 人	要介護Ⅰ	人
			要介護Ⅱ	人
			要介護Ⅲ	人
			要介護Ⅳ	人
			要介護Ⅴ	人
平均年齢		歳 (男性 歳, 女性 歳)		
運営懇談会の開催状況	開催回数			
	主な議題等			

8 職員体制 　　　　　　　　　　平成　　年　　月　　日　現在

		職員数	常勤換算後の人数	うち自立者対応	夜間勤務職員数 (時〜翌 時)	備　考
従事者の内訳	施設長	人	人	人	人	人
	生活相談員	人	人	人	人	人
	直接処遇職員 介護職員 看護職員	人 人 人	人 人 人	人 人 人	人 人 人	人 人 人
	機能訓練指導員	人	人	人	人	人
	計画作成担当者	人	人	人	人	人
	医師	人	人	人	人	人
	栄養士	人	人	人	人	人
	調理員	人	人	人	人	人
	事務職員	人	人	人	人	人
	その他職員	人	人	人	人	人
合計		人	人	人	人	人

介護に関わる職員体制(要介護者等に対する直接処遇職員体制)の状況			
	前々年度の平均値	前年度の平均値	今年度の平均値
要介護者等の人数	人	人	人
指定基準上の直接処遇職員の人数 （常勤換算）	人	人	人
ホームに配置する直接処遇職員の人数 （常勤換算・自立者対応の人数を除く）	人	人	人
要介護者等の人数に対する直接処遇職員の人数の割合			

常勤換算方法の考え方	
従業者の勤務体制の概要	

注1） カッコ書きは，非常勤で内数。

注2） 常勤職員数には，併設施設がある場合の当該施設の医師，看護婦その他の職員数は含まない。

注3） 直接処遇職員には，要介護者等に対して介護サービスを提供する職員及び自立者に対して一時的な介護その他日常生活上必要な援助を行う職員を含む。ただし，直接処遇職員のうち，自立者対応の人数を内数で記入。

注4） 機能訓練指導員及び計画作成担当者が他の職務を兼務している場合は，職員数の人数に※印を付けるとともに，その概要を備考欄に記入。

注5） 機能訓練指導員がＰＴ，ＯＴ等の職種である場合は備考欄に記入。

注6） 介護に関わる職員体制(要介護者等に対する直接処遇職員体制)の状況は，特定施設入所者生活介護事業所の指定を受けた施設のみ記入。要介護者等の人数及び職員数の算定方法については，指定居宅サービス等の事業の人員，設備及び運営に関する基準の規定によること。

注7） 今年度の平均値は，作成日の前月までの平均値とすること。

9　入居・退居等

入居者の条件	
身元引受人等の条件，義務等	
契約の解除	
体験入居	

添付書類

「介護サービス等の一覧表」

— — — — — — — — — — — — — — — — — — — —

※　　　　　　　　　　殿

説明年月日　　　　年　　月　　日

説明者署名

※　契約を前提として説明を行った場合は，説明を受けた者の署名を求める。

저자 약력

유선종(劉銑鍾, Yoo Seon–Jong)
✉ yoosj@konkuk.ac.kr

현) 건국대학교 부동산과학원장 겸 부동산대학원장
예산고등학교 졸업
건국대학교 부동산학과 졸업
日本大學 大學院 不動産科學 專攻 修了(工學 修士, 學術 博士)

최희정(崔希貞, Choi Hellen)
✉ egaohellen@gmail.com

현) ㈜리브워드 상임고문, ㈜福祉開発研究所 비상임고문, 건국대학교 부동산대학원 겸임교수
日本福祉大学 사회복지학부 보건복지학과 졸업(보건복지학 학사)
日本福祉大学 대학원 사회복지학연구과 졸업(사회복지학 석사)
연세대학교 사회복지전문대학원 졸업(사회복지학 박사)

초고령사회 뉴노멀시리즈 2권

초판발행	2023년 3월 17일
지은이	유선종·최희정
펴낸이	안종만·안상준
편 집	김민조
기획/마케팅	노 현
표지디자인	이영경
제 작	고철민·조영환
펴낸곳	(주)**박영사**
	서울특별시 금천구 가산디지털2로 53, 210호(가산동, 한라시그마밸리)
	등록 1959. 3. 11. 제300-1959-1호(倫)
전 화	02)733-6771
f a x	02)736-4818
e-mail	pys@pybook.co.kr
homepage	www.pybook.co.kr
ISBN	979-11-303-1717-5 94330
	979-11-303-1715-1 (세트)

정 가   17,000원